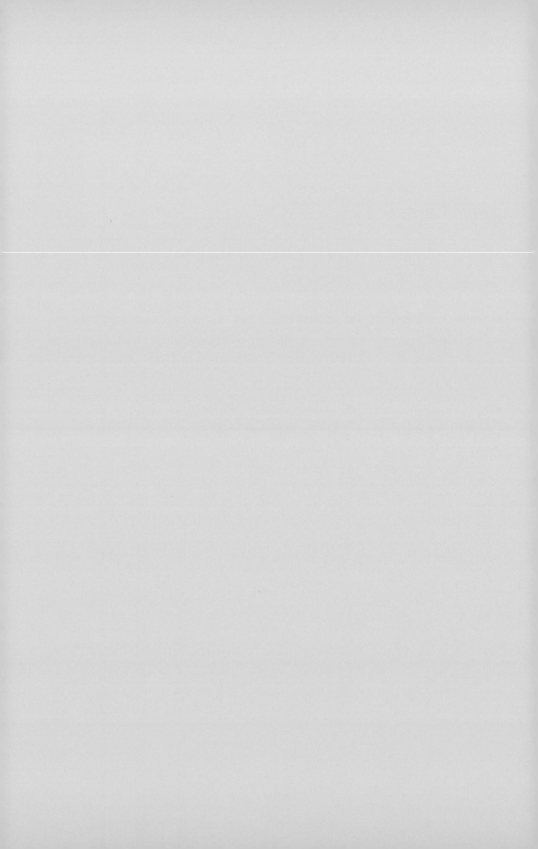

드림시리즈 2
우리나라의 위상을 드높인 대표직업인 10인

10대, 우리들의 별을 만나다 2

- 글로벌멘토 편 -

이 랑 · 김정현 · 권혁준 지음

DREAM RICH

꿈을 품고 무언가 할 수 있다면 그것을 시작하라.
새로운 일을 시작하는 용기 속에
당신의 천재성과 능력과 기적이 모두 숨어 있다.

괴테

세계를 향해
보다 큰 꿈을 품기 바라며

플라톤의 위대한 멘토 소크라테스

그리스의 철학자 소크라테스가 죽음을 맞았을 때, 플라톤의 나이는 28살이었다. 플라톤은 원래 정치 지망가였지만 소크라테스가 죽음을 맞는 과정을 보면서 철학자가 되기로 결심한다. 소크라테스는 신을 부정하고 젊은이들을 타락시켰다는 모함을 받고 죽음에 이른다. 스스로 독약을 마셔야 하는 상황에서 자신의 신념을 굽히지 않고, 독이 든 잔을 건네받은 것이다. 그런 소크라테스를 플라톤은 위대한 스승이자 멘토로 삼았다. 저서를 남기지 않은 소크라테스와 달리, 플라톤은 수많은 저서를 쓰고 그 저서들에 소크라테스를 등장시켜 자신과 스승의 존재를 세상에 널리 알렸다. 그리고 아리스토텔레스 등 수많은 제자를 배출하며 그리스 철학을 발전시켰다.

훌륭한 멘토와 멘티의 관계는 역사를 바꾸기도 한다

플라톤은 "소크라테스와 동시대에 태어난 것을 신에게 특별히 감사한다."라고 할 정도로 그를 존경했다. 만약 이 두 위대한 철학자가 만나지 않았다면, 또 플라톤이 소크라테스의 학식과 삶을 존중하지 않았다면, 그리스의 철학은 수천 년의 역사를 만들지 못하고 우리 시대까지 전달되지 못했을지도 모른다. 이처럼 훌륭한 멘토와 멘티의 관계는 단순한 스승과 제자 같은 의미를 넘어 역사를 바꾸는 역할을 하기도 한다.

멘토는 인생을 이끌어주는 현명한 친구이자 상담가

그렇다고 모든 멘토가 앞서 소크라테스와 플라톤처럼 역사적으로 위대하고 대단할 필요는 없다. 부모님을 멘토로 삼은 유명인도 많고, 선생님이나 친구들 역시 자신의 멘토가 될 수 있다. 최근 한 취업포털에서 실시한 설문조사 결과를 봐도 부모님과 가족, 그리고 선생님을 멘토로 삼는 사람들이 많은 것을 알 수 있다. 약 80% 이상이 멘토가 있다고 응답했는데, 이중 40% 이상은 가족과 선생님을 멘토로 삼고 있었다. 멘토는 꼭 유명한 인물이 아니어도 좋다. 오히려 친근하게 존경

할 수 있어야 의미가 있다고 할 수 있다. 사실 멘토란 말이 처음 유래된 이야기를 보더라도 멘토는 매우 가까운 곳에 있는 존재였다. 그리스 신화에서 트로이전쟁을 떠나는 오디세우스가 자신의 아들 테리마커스를 지혜로운 노인에게 맡기게 되는데, 바로 그 노인의 이름이 멘토였다. 이후 멘토는 한 사람의 인생을 이끌어주는 지혜롭고 현명한 친구이자 선생님, 상담가를 의미하게 되었다. 그리고 꿈을 이루는 과정에서 멘토는 내가 가고자 하는 분야를 먼저 걸어가 그 경험을 이야기해주고 시행착오를 줄여주는 지혜로운 사람으로 여겨지고 있다.

역경을 이겨내는 힘이 되는 멘토

인생의 멘토는 역경을 이겨내는 힘이 되어 준다는 특징이 있다. 역경을 이겨냈는가 아닌가가 멘토의 조건은 아니지만, 많은 사람들의 멘토가 되는 이들에게는 보통 역경을 이겨낸 인생 스토리가 있다. 그렇기 때문에 이후의 성공도 더 빛을 발하는 것이기도 하다. 재미있는 이야기가 사람의 마음을 사로잡듯, 어려움을 극복하고 성공한 사람들의 이야기는 마음을 울리는 감동을 주게 된다.

도전의 의욕을 불러일으키는 새로운 멘토들

미국에서 인종 차별은 오랜 기간 많은 사람의 인생을 처참하게 한 이슈였다. 그리고 지금도 흑인들의 일상을 끈질기게 따라다니는 역경이 되고 있다. 그래서 인종 차별을 이겨내고 성공한 흑인들은 많은 사람들의 멘토가 되고, 그들의 인생 스토리는 감동적인 전설로 기억되곤 한다. 미국의 대통령 오바마를 비롯해, 미국 최초의 국무장관 콜린 파월, 흑인 인권 운동을 위해 인생을 마친 마틴 루터 킹 목사 등이 대표적인 예라고 할 수 있다. 그리고 최근 인종 차별의 벽을 넘은 또 하나의 멘토 이야기가 주목을 끌고 있다. 발레를 하는 흑인 무용수 미스티 코프랜드, 미국 대표 발레단 아메리칸발레시어터(ABT)에서 그녀는 75년 장벽을 허물고 수석 무용수가 되었다. 발레단 창단 이후 처음 있는 일이었고, 미국 역사상 최초의 일이었다. 독보적인 실력을 뽐냈던 그녀는 백인 위주의 무대에서 편견을 깨고 진정한 실력을 인정받았다. 늦은 나이에 시작한 발레였고, 포기하고 싶은 순간이 많았음에도 코프랜드는 새로운 미래를 만들겠다는 의지를 굳히며 지금의 자리에 올라섰다. 덕분에 미국의 시사주간지 타임이 선정한 '2015년 세계에서 가장 영향력 있는 100인'에 포함되었고, 발레리나로서는 처음으로 타임지의 표지를 장식한 인물이 되었다. 앞으로 미스티 코프랜드의 이야기는 많은 사람들의 입에 회자되고, 또 무용수를 꿈꾸는 청소년들의 멘토가 될 것이다. 새로운 멘토의 이야기는 또 다른 도전거리를 만들고 성공스토리를 탄생시키는 배경이 되기 때문이다.

목표를 이루는 과정에 큰 힘이 되는 멘토

한편, 닮고 싶은 사람, 삶의 지혜를 배우고 존경하는 멘토가 있다는 건 목표를 이루는 과정에서 큰 힘이 되어 준다. 멘토를 닮아가는 과정에서 목표를 구체적으로 세울 수 있고, 또 멘토가 이룬 것을 넘어서는 성과를 이룰 수 있기 때문이다. 전 세계 많은 사람들의 멘토인 스티브 잡스, 사실 그에게도 멘토가 있었다. 미국 '실리콘밸리의 시장'이란 별명을 가진 로버트 노이스(1927–1990)가 그의 멘토였는데, 로버트 노이스가 살아있을 때는 스티브 잡스뿐 아니라, 수많은 IT 분야 창업자의 우상이었다. 로버트 노이스는 페어차일드반도체를 설립해 실리콘 소재를 사용한 최초의 집적회로(IC; Intergrated Circuit)를 개발한 자로 유명하다. 그리고 1968년에는 컴퓨터회사로 유명한 인텔을 창립했다. 그가 잭 킬비란 동료와 함께 개발한 집적회로는 무게 3만톤에 이르는 에니악 같은 거대한 컴퓨터를 보다 작은 사이즈로 줄이는 데 기여했다. 그리고 이후 많은 연구자와 엔지니어가 더 작고 성능 좋은 반도체와 IT 기기를 개발하게 하는 자극제가 되었다. 만약 집적회로가 장착된 반도체가 개발되지 않았다면, 스티브 잡스가 창안한 스마트폰 역시 탄생하기 어려웠을지 모른다. 엄청난 규모의 컴퓨터가 점점 작아지고 작아져 손안의 PC 스마트폰이 된 것처럼, 멘토가 세운 업적은 다른 사람의 또 다른 목표가 되고 현실로 구현되면서 발전할 수 있게 되는 것이다.

우리는 이 책에서 10명의 멘토 이야기를 만날 예정이다. 세계를 누비며 이룬 이들의 성공 스토리와 꿈을 향한 도전, 그리고 역경을 이겨낸 이야기가 담겨 있다. 또 10명의 멘토에게 지혜를 선물한 선배 멘토들의 이야기도 담겨 있다. 이런 멘토가 전하는 진솔한 조언과 격려는 꿈이 없어 방황하고 진로문제로 고민하는 친구들에게 목표의 중요성을 깨닫는 기회가 될 수 있을 것이다. 또 같은 분야의 꿈을 가진 친구들에게는 멘토의 성공을 넘어서는 희망을 새롭게 그려보는 계기가 될 수 있을 것이다. 마지막으로 세계무대를 누빈 멘토들의 이야기를 담은 만큼, 세계를 향해 보다 큰 꿈을 꿀 수 있도록 시야를 넓히고 마음을 여는 기회가 되길 바란다. 그리고 선배 멘토에서 지금 10대 별이 된 10명의 멘토, 그 다음은 지금 이 글을 읽는 당신이 될 수 있도록 꿈의 목표를 세우고 진로의 방향을 정하는 데 도움이 되길 바란다.

2015년 11월 이 랑

진로탐색의
소중한 경험을 함께 해요

저는 대학입시를 앞둔 고등학교 3학년입니다. 어렸을 때부터 부모님 말씀대로 공부를 열심히 해왔지만 항상 왜 공부를 해야 하는지 뚜렷한 동기가 없었고, 제가 정말 원하는 진로를 찾지 못해 답답했습니다. 제 꿈을 찾고 싶어 학생회 연합동아리 활동을 통해 또래 친구들과 많은 이야기를 나누기도 했습니다. 그러던 중 어머니가 선물해주신 《10대, 우리들의 별을 만나다》라는 책의 저자가 중학생 동생인 것을 보고 저도 함께 참여하고자 출판사 문을 두드리게 되었습니다.

지난 10개월간, 세계무대에 진출해 큰 꿈을 펼친 여러 선생님들을 인터뷰하면서 가슴 벅찬 시간들이었습니다. 그동안 희미하던 제 진로 목표가 구체적으로 뚜렷해지고 공부해야 하는 이유를 찾게 되어 더 열심히 공부하는 계기가 되었습니다. 제 꿈을 찾을 수 있도록 기회를 주신 출판사와 인터뷰에 응해주신 선생님들께 감사드리며, 이 책을 통해 제 소중한 경험을 친구들과 함께 나눌 수 있기를 바랍니다.

2015년 11월 **김정현**

우리들이 만든,
우리들의 꿈을 찾는 책

저는 되고 싶고 하고 싶은 일이 많은 꿈 많은 중학생입니다. 진로 찾기 과제를 위해 유명한 셰프님을 인터뷰하면서 그 분의 일에 대한 사랑과 열정에 큰 감동을 받았습니다. 우리 친구들과 이런 기회를 나누고자 10명의 친구들과 진로전문가 이랑 선생님과 함께 《10대, 우리들의 별을 만나다》를 만들었습니다. 책은 독자들의 뜨거운 반응과 함께 청소년 권장도서로 선정되었고 한사람에게 삶의 지표가 될 수 있는 롤 모델, 멘토가 얼마나 중요한지 경험하게 되었습니다.

그래서 이번에는 서초구 중고등학생 1,000명의 설문 조사를 거쳐 우리나라의 위상을 드높인 분들 중 가장 만나고 싶은 직업인 멘토를 선정했고 정현이 형과 기자단 친구들과 함께 다시 한 번 꿈의 멘토를 직접 찾아 나섰습니다. 지난 10개월간, 자신의 분야에서 꿈을 이룬 분들을 만나면서 느낀 뭉클한 감동과 생생한 정보를 이 책에 가득 담았습니다. '세계에 우리나라의 위상을 드높인 멘토들'을 만나는 설레는 여행! 저와 함께 떠나보실까요?

2015년 11월 **권혁준**

차례

꿈 하나
하루하루 최선을 다해 자신의 꿈을 이뤄온 발레의 산 역사

발레리나 강수진
큰 꿈보다는 작은 목표를 하나씩 이루어나가다   18

강수진의 멘토 **모나코 왕립발레학교 교장 마리카**
학생들의 예술적인 안목까지 키워준 엄마 같은 선생님   34

꿈 둘
모험적인 시도와 독창성으로 세계가 인정한 영화계의 거인

영화감독 봉준호
자기만의 취향과 감수성을 키워라   38

봉준호의 멘토 **영화감독 알프레드 히치콕**
영화감독들이 가장 닮고 싶어 하는 영화계의 전설   54

꿈 셋
재미있고 잘 하는 일을 찾아 아무도 걷지 않은 길을 가다

대한민국 홍보전문가 서경덕
적극적인 노력으로 다양한 경험을 쌓아라   58

서경덕의 멘토 **기업경영인 정주영**
맨손으로 부와 명예를 이룬 자수성가의 대명사   74

꿈 넷
스스로에게 감동 주는 최고의 연기를 꿈꾸다

리듬체조 선수 손연재
끝까지 해보겠다는 각오와 열정으로 목표를 이루다   80

손연재의 멘토 **발레리나 강수진**
오늘에 최선을 다하는 성실과 끈기, 열정의 멘토   94

꿈 다섯
수없는 노력으로 이루어낸 세계 최고의 미드라이너

프로게이머 페이커 이상혁
정말 좋아하는 일로 세계 최고가 되다   98

이상혁의 멘토 **코치 김남훈**
짧지만 깊은 인상 남긴 스타 프로게이머   114

꿈 여섯

한복을 지독히 사랑한 패션계의 거장

한복 디자이너 이영희

한복으로 세계에 우리 문화를 알리다   118

이영희의 멘토 **민속복식박물관 관장 석주선**

민속 복식을 모아 박물관 만든 한국의 복식 사학자   134

꿈 일곱

끈기와 열정이 만들어낸 아름다운 예술혼

한지작가 전광영

예술의 생명은 독창성이다   138

전광영의 멘토 **화가 반 고흐**

불우한 삶에도 예술혼 불태운 천재 화가   154

꿈 여덟

타고난 재능을 노력으로 꽃피운 세계적인 프리마돈나

성악가 조수미

실력과 의지만 있으면 세계는 여러분의 것!   160

조수미의 멘토 **지휘자 헤르베르트 폰 카라얀**

음악인의 재능을 꽃피워준 완벽하고 엄격한 지휘자   178

꿈 아홉
아이들이 즐겁고 행복해지기를 꿈꾸는 뽀통령

애니메이션 제작자 최종일
실패를 통해 성공의 노하우를 배워라 184

최종일의 멘토 **애니메이션 제작자 프레데릭 백**
'나무를 심은 사람'으로 오스카상 받은 애니메이션계의 대부 198

꿈 열
우리가 다 함께 좋은 일을 찾아 세계 곳곳 누비는 바람의 딸

국제 구호전문가 한비야
꿈을 꾸기 전에 먼저 자기 삶의 원칙을 정해라 202

한비야의 멘토 **월드비전 회장 오재식**
국민훈장모란장 받은 민주화·통일운동가이자 사회운동가 216

꿈 하나

하루하루 최선을 다해
자신의 꿈을 이뤄온 발레의 산 역사

발레리나 강수진

+

강수진의 멘토 **모나코 왕립발레학교 교장 마리카**

발레리나 강수진

큰 꿈보다는 작은 목표를
하나씩 이루어나가다

늦게 시작했지만 동양인 최초와 최고라는 기록을 쓰다

예술의 전당 국립발레단 연습실, 우아한 발레동작에 열중하고 있는 무용수들 앞에 모든 것을 다 꿰뚫는 듯 예리한 눈빛의 강수진 선생님이 단원들을 지켜보고 있었다. 선생님은 상상했던 것보다 다리가 아주 길었고 몸매는 가냘팠지만 단원들의 동작을 살피는 모습에서 열정과 의지가 강하게 전해졌다. 그 가운데 우리는 마치 발레단원이라도 된 듯 숨을 죽이며 연습장면을 지켜보았는데, 잠깐이었지만 단원들과 선생님의 뜨거운 열기가 매우 인상적으로 다가왔다.

현재 국립발레단의 예술감독(단장)인 강수진 선생님은 동양인 최초 스위스 로잔콩쿨 1위 입상, 독일 슈투트가르트 발레단 최연소 입단, 무용계의 아카데미상으로 불리는 브누아 드 라 당스 최고 여성무용수 선정 등 동양인 최초와 최고라는 기록이 많다. 걸어온 삶 자체가 그대로 발레의 역사인 셈이다.

성공한 사람들을 볼 때면 어렸을 때부터 비범한 그 무엇이 있지 않을까 하는 우리의 질문에 선생님은 특별히 뛰어난 구석 없이 그냥 자기 할 일을 알아서 하는 정도의 평범한 소녀였다고 한다. 피아노며 성악 등 어린 시절부터 다양한 예능교육의 기회를 준 부모님 덕분에 스스로 좋아하는 것을 발견할 수 있게 되었다.

"고집이 세고 자기주장이 강해서 억지로 시켰으면 오히려 반항했을지도 몰라요. 그런데 부모님께서는 한 번도 강요하지 않고 뒤에서 묵묵히 지켜봐주셨지요."

발레에는 한참 늦게 입문했는데, 초등학교 시절 한국무용을 하다가

선화예술중학교 1학년 때 발레로 전공을 바꾸었다. 발레에 대해 잘 몰랐지만 어머니의 권유에 용기를 내어 선뜻 시작하게 되었다.

"이미 몸이 많이 굳어 있어서 따라가기가 벅찼지만 음악에 맞춰 춤추는 것이 즐거웠어요. 그때 발레 선생님인 캐서린이 제 눈에 참 예뻐 보였는데, 그 선생님 눈에 들고 싶어 다른 친구들보다 더 열심히 연습했지요."

이미 8년에서 10년 정도 먼저 배운 또래 친구들과 달리 걸음마단계부터 시작한 발레였기에 잘 하지는 못했다. 하지만 선생님께 좋게 보이려는 마음으로 시작해 연습을 거듭하다보니, 결국 발레의 매력에 빠져서 3년 만에 친구들과의 격차를 극복해냈다. 그때 걸음마 시절에 발레를 포기 했다면 지금의 강수진 선생님은 아마 없었을지도 모른다.

매일 밤 남몰래 연습하던 악바리 소녀

선화예술고등학교 1학년 때 선생님 인생에 중요한 기회가 찾아왔다. 학교를 방문했던 모나코 왕립발레학교의 마리카 교장선생님 눈에 띄어 장학금을 받고 모나코로 유학을 떠나게 된 것이다. 당시 뒤늦게 시작해 발레에 대한 테크닉은 모자랐지만 타고난 감수성과 표현력이 마리카 선생님을 사로잡았다.

"어리고 뭘 잘 몰랐다는 게 약이었어요. 아마 더 자라서 유학을 결정

단원들의 동작 하나하나를 꼼꼼이 살피는 강수진 선생님.
국립발레단의 예술감독(단장)으로서 단원들의 지도에 직접 나서고 있다. 사진 제공 / 국립발레단

발레리나 강수진

하라고 했다면 못했을 거예요. 부모님께서도 얼마나 힘든 길인지 모르셨기에 선뜻 허락을 하신 거 같아요."

아무것도 모르고 그저 발레를 하러 외국으로 떠난다는 사실에 들떠 있었지만 유학 간 첫날 등교하자마자 한국으로 돌아가고 싶었다고 한다. 다른 친구들의 월등한 발레 실력을 보니 눈앞이 캄캄하고, 모나코의 공용어인 불어는 물론 영어도 잘 알아듣지 못했다. 게다가 가족에 대한 그리움과 낯선 서양음식에 대한 괴로움 때문에 하루하루의 일상이 힘겨웠다.

일주일 후 돌아가기로 맘먹고 교장실에 갔을 때 마리카 선생님은 울먹이는 15살, 사춘기 소녀를 아무 말 없이 따뜻하게 안아주었다. 그 위로가 어려움을 극복하는 데 큰 힘이 되었다. 그때부터 기숙사 관리인이 잠들 때까지 기다렸다가 몰래 연습실에 들어가 밤을 새우며 연습을 했다.

"저녁 8시 50분이 되면 다른 아이들이 더 놀거나 수다를 떨기 위해 부산스러울 때 저는 이불을 뒤집어쓰고 몰래 발레복을 입었어요. 그다음 하나, 두울, 셋...아주 천천히 숫자를 세다가 백을 셀 무렵이 되면 시계를 보지 않아도 얼추 9시 30분, 그때 아무도 눈치 채지 못하게 살금살금 건물 위층에 있는 스튜디오로 향하곤 했지요."

아이들을 재우기 위해 9시만 되면 무조건 건물의 불을 끄기 때문에 인근 왕궁을 밝히는 조명이나 달빛을 전등삼아 수업시간에 배운 동작을 반복해서 연습하고 또 연습했다. 오로지 연습만이 외로움을 극

강수진 선생님의 발레 공연 모습. 내일은 없다는 생각으로 하루하루
자신이 목표했던 발전을 이루는 것을 꿈으로 삼고 연습했기에 최고의 공연을 이끌어낸다. 사진 제공 /국립발레단

복하고 친구들에 비해 턱없이 부족한 발레 실력을 따라잡을 수 있는 유일한 탈출구라는 생각이 들었다.

"온몸의 에너지가 모두 빠져나가도록 뛰고 또 뛰었지요. 그러면서도 마음 한구석에서는 언제나 관리인에게 걸릴까봐 두려움이 가득했어요. 하지만 그런 두려움 때문에 연습을 대충 할 수는 없었어요. 최대한 소리가 나지 않도록 조심하면서 2년 동안 하루도 빼먹지 않고 달밤에 도둑 연습을 계속 했지요."

이때부터 선생님은 매일 2시간씩 스트레칭을 하고 열 시간씩 연습을 해왔다고 한다. 아무리 몸이 안 좋고 연습을 하기 싫어도 30년 이상을 매일같이 반복했다. 인간이기에 나태해질 수도 있었을 텐데 어떤 마음가짐으로 흐트러지는 자신을 그렇게 꾸준히 다독일 수 있었을까?

"제게 내일은 없어요. 발레를 시작한 후 지난 30년 이상을 시한부 인생처럼 살아왔지요. 하루살이라는 생각으로 오늘을 맞이했고 절실하게 맞이한 오늘을 100% 살아냈어요. 그 하루가 모여 지금의 제가 되었지요."

선생님은 오늘 하루 목표했던 것만큼 자신의 발전을 이루는 것을 꿈으로 삼고 연습을 했다. 그게 작은 꿈같지만 먼 훗날의 거창한 꿈보다는 오늘 하루를 열심히 살자는 작은 꿈이 지금도 옳다고 믿는다.

"여러분 시험 볼 때 벼락치기로 공부하면 시험 본 뒤 쉽게 잊어버리던 경험이 있지 않나요? 발레도 같아요. 내 것으로 만드는 것이 굉장히 중요해요. 똑같은 걸 매번 연습하지만 그 과정 중에 실력이 조금씩 느는 것을 느낄 수 있어요. 점점 나아지는 것이 의미 있고 재미있어요. 또 반대로 재미를 느껴야 발전이 되기도 하지요."

공부도 계속 읽고 실력을 붙여가며 해야 하듯이 발레도 마찬가지다. 그렇게 하루하루 노력을 통해서 조그만 성취가 쌓이도록 매일 연습한 결과 스위스 로잔 발레 콩쿨에서 우승을 거머쥘 수 있었고, 1986년 세계 5대 발레단인 슈투트가르트 발레단의 단원으로 입단할 수 있었다. 그때 당시에는 슈투트가르트 발레단에 들어갈 수 있을지 없을지 생각도 못했고 그런 큰 꿈도 없었다. 그냥 열심히 발레연습을 하다 보니 재미가 붙었고 하루하루 발전하는 과정에 보람을 느꼈다.

"여러분도 할 수 있는 만큼만 목표를 설정하라고 말해주고 싶어요. 큰 꿈보다는 작은 목표를 하나씩 달성하는 것이 중요해요. 오늘 할 수 있는 만큼만 목표를 세우고 그만큼만 달성해 봐요. 만약에 시간이 남는다면 다음날 해야 할 일을 조금씩 당겨서 하면 되지요. 이런 생활을 꾸준히 반복하다 보면 자신감이 생기고 자신감이 생기면 열정은 자연스럽게 따라오게 된답니다. 이렇게 지속하면 결국 여러분의 내일이 달라질 거예요."

자신과의 싸움에 집중하라

슈투트가르트 발레단에 들어갔을 때 이제 다 된 줄 알았다. 그런데 그곳에 가보니 모두 발레를 정말 잘하는 사람들이었다. 어릴 때부터 바라는 것이 별로 없었고 그저 좋아하는 게 중요했기에 배역은 바라지도 않았다. 그래도 군무에 끼는 건 기대했는데 배역도 아닌 군무에도 못 끼면서 하염없이 기다리는 세월이 쉽지 않았다.

"내 앞에 선배 4분이 아파야 내차지가 겨우 돌아왔어요. 무대에 서지 못하고 기다리면서 살찌고 부상당하면서 내 자신이 밉더라고요."

발레단 밖에서의 생활도 힘들었다. 처음 모나코로 유학 갔을 때처럼 발레단이 있는 독일에서 지내는 법을 새로 배워야했다. 독일어공부는 물론이고 당시 굉장히 무뚝뚝하고 차갑게 느껴졌던 그곳 사람들과 편

발레리나 강수진

안하게 지내는 법을 익혀야했다. 돈을 아끼기 위해 값싸게 얻은 지하 아파트에선 곰팡이 냄새가 났다. 그 모든 것에 적응하는 것이 힘들었다. 그래서 다시 살아남기 위해 피나는 연습을 할 수밖에 없었고 그 결과 군무, 솔리스트를 거쳐서 수석무용수까지 올랐다. 세계의 뛰어난 사람들이 모인 곳에서 부단한 노력과 꾸준한 연습으로 실력을 인정받고 자신의 재능을 제대로 펼치게 된 것이다.

"사람 일이란 어떻게 될지 아무도 몰라요. 내일을 아무리 생각해도 지금은 내일이 아니에요. 그러니까 지금 하는 일에 충실히 몰두하다보면 결국은 사람들이 불러주고, 인정해주고, 성공적인 캐릭터가 되는 거 같아요."

발레커리어로만 보면 그간 승승장구만 한 것 같아 보이지만 그사이 힘든 우여곡절을 많이 겪었다.

"오늘의 저는 하루아침에 된 게 아니에요. 제 성격이 원래 내성적이었는데 수많은 고생을 겪으면서 연륜이 쌓이고 자신감이 붙으면서 사람들과 편안하게 지낼 수 있게 된 거죠. 그러니 오히려 제가 겪은 우여곡절에 감사 해야겠지요?"

선생님은 이렇게 발레를 하면서 인생을 배웠다고 한다. 지금도 인생은 발레처럼 끊임없는 예습과 복습으로 이루어진 공부과정이라고 생각한다.

부모형제를 떠나 낯선 외국생활에 적응해야하는 어려움 외에 인종차별주의 때문에 힘든 점은 없었는지 궁금했다.

"유럽에서 인종차별주의가 은연중에 있다고들 하지요. 하지만 제가 한

강수진 선생님은 발레의 대중화를 위해 다양한 장르의 실험적이고 의미 있는 요소를 발레에 접목시키며 끊임없는 발전을 모색해왔다. 사진 제공 /국립발레단

국인이기 때문에 받은 불이익은 한 번도 없었어요. 한국인이기 때문에 나는 안 된다는 말은 핑계에 불과할 뿐, 실력만 있다면 어디서든 인정받을 수 있어요." 라면서 그런 패배주의에 빠지는 대신 자신과의 싸움에 집중했다고 한다. 실패의 원인을 보이지 않는 장벽 탓으로 돌리면 자신의 발전은 이룰 수가 없다는 것이다.

이런 부단한 노력으로 선생님은 발레 불모지였던 한국에서 태어나 30년간 세계 최고의 자리를 지켜왔다. 그리고 2015년 11월, 국내 무대에서 발레리나로서 마침내 고별인사를 했다. '오네긴'의 티티아나 역으로 기립박수를 받으며 고별 무대를 마친 선생님은 "비록 무대는 떠나지만 공연마다 최선을 다 했기 때문에 아쉬움은 없다."면서 현역 활동은 2016년 7월 독일 슈투트가르트 무용단 은퇴 공연을 끝으로 완전히 마무리하고 앞으로 예술감독으로서 국립발레단 운영에만 집중할 계획이라고 한다.

좌절감을 이기는 것은 결국 자신의 힘

선생님의 발 사진을 보았다. 얼마나 혹독하게 연습했는지 뼈마디가 굵어지고 굳은 살이 박혀 울퉁불퉁했다. 이 모습은 결코 예쁘다고는 할 수 없지만 그간의 땀과 노력을 느낄 수 있기에 우리는 감탄할 수밖에 없었다. 선생님도 스스로 매일 자신과 싸워 이긴 자랑스러운 흔적이라

뼈마디가 굵어지고 굳은살이 박혀 울퉁불퉁해진 강수진 선생님의 발. 선생님은 미운 발인지도 몰랐다면서
오히려 스스로 매일 자신과 싸워 이긴 자랑스러운 흔적이라고 여긴다. 사진 제공 / 국립발레단

며 웃는다.

"발 사진 보고 놀랐나요? 살아남기 위해 연습하다가 재미에 빠져서 내 발이 그렇게 문드러진 지도 몰랐어요. 울퉁불퉁하지만 이게 그렇게 미운 발인지도 몰랐답니다."

발 사진을 보면서 아름답고 우아한 발레의 이면에 육체적으로 상당히 힘든 훈련과정이 필요하다는 것을 절실히 느꼈다. 실제로 발레를 하다 보면 자주 다친다고 한다. "우리같이 몸으로 표현하는 예술을 하는 사람들에게 부상은 어쩔 수 없는 친구에요. 아침에 일어나 머리가 멀쩡하고 침대에서 일어날 수 있을 정도의 부상이라면 아무 문제가 안 되죠."

언젠가는 발이 뭉개져서 토슈즈를 신지 못한 적도 있었다. 그때 슈즈에 고기를 넣어서 신고 무대에 올랐다. 부상으로 너무 아파서 다리가 올라가지 않을 때도 있었는데 공연을 포기하지 않았다. 그렇게 포기하지 않았다는 점에 만족한다.

"어떤 한계를 뛰어넘기 위해서는 크게 보면 안돼요. 예를 들어 아픈

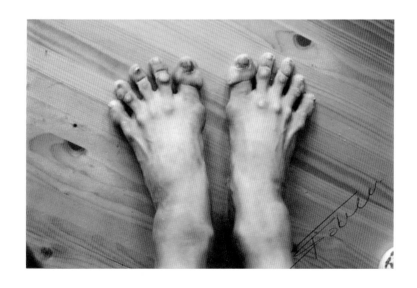

발레리나 강수진

상황에서 한 시간 더 연습할 생각을 하면 못하겠지요. 하지만 한 동작만 더 해본다는 마음가짐으로 하면 신기하게 되거든요. 그래도 안 된다면 할 수 없는 거죠. 무언가 시도한다는 마음가짐이 중요하다고 생각해요."

그동안 온갖 부상을 딛고 무대에 서왔지만 다리뼈에 금이 가서 걸을 수조차 없게 되자 더 이상 무대에 설 수 없었다. 처음에는 정강이뼈에 작게 금이 갔는데 그 후로 5년 가까이 쉬지 않고 무대에 서다보니 뼈 조직이 망가지고 상태가 점점 심각해져 걸을 수도 없게 되었다. 그 당시 최고의 전성기로 오스카상도 타고 러브콜은 계속 오는데 아쉽게도 무대를 포기할 수밖에 없었다. 뼈가 안에서 살아나도록 쉬면서 기다리는 방법밖에 없었기 때문이었다. 그때 의사들은 다시는 무대로 복귀할 수 없을 것이라고 예상했었다.

"당연히 너무 좌절이 되었고 울기도 많이 울었어요. 그때 남편이 발레

를 계속 할 수 있다는 희망과 확신을 주었고 빠른 복귀를 위해 요가를 응용한 특별한 스트레칭을 고안해냈어요. 덕분에 다시 발레를 할 수 있게 되었지요. 지금 생각해보면 그때 가졌던 일 년이 넘는 공백이 오히려 약이 된 것 같아요. 그 기간을 거치지 않았더라면 지쳐서 발레를 더 빨리 그만두었을지도 몰라요."

복귀할 때도 상당히 힘들었다. 전성기에 그만두었기 때문에 전성기만큼의 실력으로 돌아가야 한다는 부담감 때문이었다. 근육이 다 없어진 상태였기 때문에 처음엔 발을 45도도 못 올리는 상태였다. 그러나 매일 조금씩 연습해서 2년만인 2001년 '로미오와 줄리엣'의 줄리엣 역으로 화려하게 재기에 성공했다.

"아무리 정신력이 기적을 만든다 해도 저도 슬럼프에 빠질 때가 있어요. 그런 때는 주변에서 온갖 좋은 이야기를 해줘도 귀에 들어오지 않지요. 그때는 자기만의 해결방법을 찾아야합니다. 저는 땀을 흘리면서 스트레스를 해소 하는데, 고춧가루나 고추장을 듬뿍 넣은 매운 음식을 먹고 사우나를 합니다. 한차례 땀을 빼면 머리가 개운해지지요."

매일 스스로 노력하는 나만의 시간

강수진 선생님은 이처럼 대단한 삶을 살아왔지만 사실 자신의 일상은 무척이나 단순하다고 한다. 매일 새벽 5시에 일어나 발레동작을 반

국립발레단 단원들과 함께 한 모습. 선생님은 무용수들과 한 가족 같은 분위기를 만들고
그런 분위기 속에서 무용수들이 지닌 최고의 개성을 발휘케 할 생각이다. 사진 제공 /국립발레단

발레리나 강수진

복하는 삶의 연속이다. 어떻게 생각하면 심심한 생활일 수도 있다. 하지만 매일 아침의 개인 연습이 선생님을 오늘까지 지탱시켜준 원동력이라고 한다. 국립발레단 단장이 된 지금도 새벽같이 일어나 아침 다섯 시 반이면 어김없이 자신만의 연습을 꾸준히 해오고 있다. 사람들은 선생님이 아직도 무대에 서는 것을 신기해하지만 몇 십 년 동안 이렇게 단련시켜왔기 때문에 가능한 일이다. 이제 발레리나뿐만 아니라 국립발레단의 단장으로서 할 일이 더 늘어서 연습시간은 줄었지만 그래도 시간을 쪼개고 쪼개어서 반드시 자신만의 연습시간을 꼭 가지고 나온다. 이런 습관은 한국에서 학교를 다닐 때부터 생겼다. 혼자 도서관에 다니는 것을 좋아했으며 누구보다도 등교를 빨리 했다.

"중학교 때 발레뿐만 아니라 공부도 잘 하고 싶었어요. 새벽 4시 반에 일어나 첫 버스를 타고 남산 도서관에 공부하러 다녔는데, 졸려서 공부를 많이 하지는 못했지만 후회는 없어요. 최선을 다 했기 때문이지요."
어떻게 그때의 습관을 지금까지 유지할 수 있을까? 후회하고 싶지 않아서였다.

"저는 해보지도 않고 후회하면서 사는 걸 제일 싫어해요. 되든 안 되든 한다면 해봐야 직성이 풀리죠. 여러분은 어떤가요? 제 생각에 인생에는 다 때가 있어요. 십대에는 십대에 할 일이 있고 삼십대는 삼십대에 할 일이 있지요. 여러분이 십대에 하고자 하는 일이 있으면 지금 해내야 후회가 없겠죠? 부모님과 상의해서 할 일을 정하고 열심히 했는데도 안 되면 그때 가서 포기해도 늦지 않아요. 그러니 먼저 해 본 다음에 결정을 내리세요. 안 해보고 후회만 하면 아깝잖아요."

다른 사람만큼만 노력하면 다른 사람과 같은 수준밖에 안 된다는 걸 알고 있기에 조금이라도 더 노력을 기울였다. 물론 연습하기 싫은 순간도 있었다. 그런 때는 10분만 몸을 움직이면 가슴에서 열정이 생겨난다. 연습은 땀이 나기 전이 가장 힘들뿐 땀이 나기 시작하면 재미가 생긴다.

"무엇을 하더라도 흥미를 못 느끼면 재미가 없어서 열정이 안 생겨요. 그런데 재미를 느끼기 위해서는 먼저 노력이 필요하지요. 끊임없이 무엇인가 경험해봐야 어떤 일에 흥미가 생기는 지 알 수 있고, 흥미 있는 일을 열심히 해서 발전하는 자신을 발견하면 자연히 재미가 따라와요."

스스로 발전해나가기 위한 구체적인 방법은 무엇일까? 먼저 계획한 것을 실천할 수 있어야 한다. 그러려면 지나치게 큰 목표보다 그날그날 할 수 있는 하루의 계획을 잘 짜는 것이 중요하다. 그리고 최선을 다해 실천하도록 노력해야 한다. 선생님은 지금까지 최선을 다 해왔기에 지금 당장 어떻게 되더라도 후회가 없다고 한다.

"여러분도 자기만의 시간을 만들어보세요. 매일 스스로 노력하는 자기만의 시간이 쌓이면 그게 인생의 약이 되고 어려운 일도 겪어낼 수 있는 힘이 된답니다."

Interviewer. 권혁준, 김수현, 김정현, 이채린

　　　　　　　　　　　　　　　　　　발레리나 강수진

강수진의 멘토
모나코 왕립발레학교 교장 마리카

학생들의 예술적인 안목까지 키워준
엄마 같은 선생님

프랑스 남동부 지중해에 접한 국가 모나코, 바티칸시국에 이어 세계에서 두 번째로 작은 이 나라에는 세계적인 휴양지 말고도 유명한 것이 있다. 바로 영국 왕립로얄발레학교와 함께 무용을 하는 사람들에게는 꿈의 학교로 불리는 모나코 왕립발레학교이다. 우리나라에서는 발레리나 강수진이 유학한 학교로 더 잘 알려져 있기도 하다. 또 유니버설발레단 문훈숙 단장, 서울발레시어터 김인희 단장도 모나코 왕립발레학교 출신으로 수많은 유명 발레리나들이 이곳에서 발레리나의 꿈을 키웠다. 모나코 왕립발레학교는 할리우드 영화배우에서 모나코 왕비가 된 그레이스 켈리가 1975년 설립했다. 남자 반 2개, 여자 반 4개로 전교생은 35명에 불과하며, 이탈리아, 프랑스, 독일 출신의 교사 7명이 클래식, 컨템퍼러리, 캐릭터댄스, 음악 등을 가르친다.

발레리나 강수진을 말할 때 이 학교를 빼놓을 수 없는 이유는 그녀의 멘토가 바로 이 학교의 교장선생님이었기 때문이다. 지금의 강수진을 있게 한 장본인 마리카 교장선생님은 선화예중에 재학 중인 강수진을 발탁해 유학생활을 시작할 수 있게 도왔다. 마리카 교장은 강수진의 재능을 한눈에 발견하고 그녀를 '10만 명 중에 한 명 있을 만한 재목'이라고 칭찬하기도 했다.

마리카 교장은 강수진이 유학생활을 포기하지 않고 발레를 계속할 수 있도록 하는 데 큰 버팀목이 되어 주었다. 전 세계에서 모인 우수한 학생들과 생활하는 것도, 말 한마디 통하지 않는 낯선 외국에서 생활하는 것도 강수진에게는 엄청난 고통이었다. 이때 한국으로 돌아가겠다며 울던 강수진을 마리카 선생님은 따뜻하게 안아주고 격려해주었다. 마치 딸을 대하듯, 동양의 소녀 강수진을 아예 집으로 들여 함께 생활하며 돌봤다. 또 단순히 발레의 기술적인 것에만 치중하지 않도록 예술적인 경험을 할 수 있게 도왔다. 그녀가 발레에 집중하면서도 예술적인 안목을 갖춰 표현력을 기를 수 있도록 늘 공연장이나 미술관을 동행하게 한 일화는 유명하다. 이런 마리카 교장의 제자 사랑은 강수진의 발레 인생에 큰 힘이 되었다.

Text. 이랑

발레리나 강수진

꿈 둘

모험적인 시도와 독창성으로
세계가 인정한 영화계의 거인

영화감독 봉준호
+
봉준호의 멘토 영화감독 알프레드 히치콕

자기만의
취향과 감수성을 키워라

어두운 영화에 심취했던 어린 시절

우리나라의 최고 영화감독으로 웬만한 스타보다 더 유명한 봉준호 감독님! '살인의 추억'(2003), '괴물'(2006), '마더'(2009), '설국열차'(2013)까지 네 작품 연속으로 박스오피스 1위에 오르는 등 내놓는 작품마다 인기를 끌었다. 특히 설국열차는 개봉하기도 전에 167개국 판매를 완료했으며 '스크린데일리', '버라이어티' 등 해외 유수 언론에서까지 극찬을 받아 화제가 되기도 했다. 감독님은 2015년 세계 3대 영화제 가운데 하나인 베를린국제영화제의 공식 경쟁부문 심사위원으로 위촉되었는데, '베를리날레 탤런츠'에도 초청되어 세계무대로 진출한 감독님의 영화에 관해 강연을 펼쳐 뜨거운 관심을 받았다. 우리나라 영화계가 이처럼 세계 영화인들 사이에서도 인정받고 있다고 생각하니 정말 뿌듯하다.

작품마다 모험적인 시도와 독창성으로 유명한 봉준호 감독님은 이미 세상에 나와 있는 영화와 비슷한 것을 또 만들 필요는 없다면서 그런 점에서 그동안 만든 작품에 자부심을 느낀다고 한다. 그런 감독님의 어린 시절은 어떤 모습이었을까? 비범한 무엇인가가 있을 것으로 기대했지만 학창시절, 공부를 일등으로 잘 하지도 않았고 그렇다고 대형사고를 칠 만큼 껄렁하지도 않은 평범한 아이였다고 한다. 어정쩡하고 존재감 없는 학생이었다고 할까? 그런 감독님에게 아버지의 서재는 종일 틀어 박혀 지내고 싶은 보물창고였다.

"디자인을 전공한 아버지의 서재에 몰래 들어가 화집과 사진집을 보면서 놀았어요. 그때 시각적인 훈련이 많이 된 거 같아요."

감독님의 아버지는 한국의 1세대 그래픽 디자이너이자 화가로 유명한 봉상균 씨이다. 어렸을 적 감독님 세대의 여느 집처럼 아버지와 대화는 별로 나눠보진 못했지만 어린 시절 아버지의 책들은 감독님에게 많은 영향을 주었다. 화집을 보면서 만화그리기를 즐겨했는데 지금껏 영화를 만들 때면 콘티를 직접 스케치할 정도로 그리는 것을 좋아한다. 아버지의 서재와 함께 또 한 가지 큰 즐거움이라면 영화를 보는 것이었다. 어린 시절 주로 티비로 영화를 봤는데 할리우드 영화에 심취했고 그 중에서도 거장 '샘 페킨파'와 '히치콕'의 공포물이나 서스펜스 같은 어두운 영화에 특히 흥미를 느꼈다.

"저는 이질적인 느낌들이 충돌하는 것을 좋아해요. 아주 사소하고 일상적인 것에서 출발하지만 점점 기괴하고 만화적인 것들이 뒤섞이면서 그 둘이 충돌하는 긴장감이 느껴지는 영화를 만들고 싶었죠."

영화에 심취하다보니 직접 만들고 싶다는 생각이 절로 들었다. 중 3때쯤 이다음에 보고 싶은 영화를 직접 만들고 싶다는 꿈이 확실해졌고 그 후로 아무리 힘들어도 한 번도 그 꿈을 내려놓지 않았다.

그러나 감독님은 대학진학 당시 어린 시절 그토록 열망하던 영화 대신 '사회학'을 지망했다. 대학에서 인문학과 사회학을 공부하면서 배경지식을 넓히고 싶었기 때문이었다. 대학 진학 후 기존에 만나지 못했던 다양한 배경의 사람들을 많이 만났는데, 농활 등을 통해 평범한 사람들의 삶도 체험하는 등 다양한 경험들이 영화제작에 많은 도움이 되었다고 한다.

전공은 사회학이었지만 대신 영화 동아리를 만들어 영화에 대해 공부하고 직접 만들어 보는 기회를 가졌다.

"영화가 너무 알고 싶어서 공부를 많이 했어요. 같은 영화를 수십 번씩 되돌려 보면서 장면들을 분석했지요. 요즘은 스스로 배울 수 있는 환경이 훨씬 좋아졌어요. 영화 디브이디 뒤쪽에 보면 영화 만드는 과정이 다 나오잖아요. 그런 거 보면 영화 공부에 도움이 많이 될 거예요."

영화를 만들려면 돈이 필요하기에 아르바이트를 열심히 했던 기억이 난다. 만화 그리는 데 소질이 있던 감독님은 자신의 재능을 살려 학보에 만화와 만평을 싣기도 하고 여러 가지 아르바이트를 했다.

"영화 동아리 할 때 비디오카메라가 너무 갖고 싶었어요. 카메라가 있어야 영화를 찍을 수 있었으니까요. 6개월 정도 학교 매점에서 도넛을 팔아 비디오카메라를 샀는데 그때 너무 좋아 그 카메라를 껴안고 잤던 기억이 납니다."

감독님은 1993년, 대학시절 '노란문'이라는 영화동아리를 만들고 그곳에서 '백색인'이라는 단편영화의 연출을 맡았다. 비록 아마추어 영화인데다가 여기저기서 제작비를 빌려다 만들었지만 과감하게 전문 배우를 캐스팅하기도 했다. 실험적인 성격이 여실히 드러나는 작품으로 크게 알려지진 않았지만 몇몇 영화제를 통해 적지 않은 관심을 불러 모았다.

직접 각본 쓰며 3년에 한 편씩 영화를 만들다

대학 졸업 후 한국영화아카데미(11기)에서 일 년 간 영화 공부를 했다. 그때 만든 '지리멸렬'이라는 작품은 영화계 인사들에게 '봉준호'라는 이름 석 자를 알리는 데 도움이 되었다. 감독님은 스태프로서 현장 경험부터 다시 시작할 생각으로 여러 곳의 영화 현장을 찾았지만 이마저도 쉽지 않았다면서 감독으로 데뷔하기 전 이 5년간이 제일 힘들었다고 회고한다. 연출부 조감독 생활을 할 때는 육체적으로도 고달프고 경제적으로 어려웠다. 여러 가지로 힘들었지만 조감독을 하면 영화

현장을 제대로 경험할 수 있기에 공부한다는 마음으로 버텨냈다.

감독으로 데뷔하고 나서도 쉽지만은 않았다. 영화감독이라는 직업 자체가 미국의 직업 카테고리에서 스트레스 1위를 차지할 정도로 어려운 일이다. 예술적인 성격을 가지면서도 큰 자본으로 많은 사람들이 엉켜있는 작업이기 때문이다. 안정된 직장생활에 비해 굉장히 모험적이랄까? 영화감독은 조직이나 소속이 없는 상태에서 자기 재능을 믿고 계속 돌진해야하는 프리랜서이다. 감독이 되고나서 첫 작품이 마지막 작품이 되는 경우도 종종 있다.

감독님의 첫 작품 '플란다스의 개'도 흥행 면에서 결과가 좋지 않았다. 자칫 마지막 작품이 될 수도 있었겠지만 운 좋게도 같은 제작사에서 두 번째 영화 '살인의 추억'을 믿고 맡겨주었다. 2003년 살인의 추억은 작품성과 상업성을 모두 만족시키는 작품으로 인정받으며 510만 명의 관객을 끌어 모아 '봉준호'라는 이름을 널리 알리게 되었다.

1980년대 대한민국을 떠들썩하게 했던 '화성연쇄살인사건'을 소재로 한 '살인의 추억'은 규모가 큰 작업으로 시나리오 작업만 1년간 했다. 전문작가 없이 시나리오를 직접 쓰다 보니 시간이 많이 걸려 그동안 영화 한 편을 만드는 데 약 3년씩 걸렸다.

살인의 추억은 처음 6개월간 리서치만 했는데, 당시 인터넷 초창기여서 주로 도서관 등에서 자료를 조사했다. 다큐멘터리 영화를 찍는 것은 아니었지만 스토리가 실제 사건이어서 관련된 형사나 기자들을 만나 이야기를 나누었는데 그런 과정에서 작품에 대한 영감이 떠올랐고 영화를 재미있게 이끌어 줄 수 있는 에피소드도 많이 나왔다고 한다.

"여러분도 영화를 찍게 된다면 사람들을 많이 만나보세요. 정말 공부가 됩니다. '괴물'을 찍을 때는 한강에 매점하는 분들도 만났는데 그분들과의 대화에서 상상할 수 없는 이야기들이 나왔고 그것이 저의 상상력을 자극했지요."

영화감독을 하면서 그간 어려움이 많았지만 그 중에서 영화 '괴물'을 찍을 때 컴퓨터그래픽 때문에 애 먹었던 기억이 가장 생생하다.

"CG중에 제일 난이도가 높고 돈이 많이 드는 것이 근육과 피부가 있는 생물체예요. 돈도 돈이지만 기술적인 부분도 상당히 어려운 작업이지요."

'괴물'을 만들 당시 한국에 CG를 맡길 만한 회사가 변변치 않았다. 호주와 미국의 회사를 찾아다니면서 고생을 많이 했는데 결과적으로 다 잘되었지만 그때 당시는 영화를 제작한다고 공표해놓고 CG 맡길 곳을 못 찾아 죽고 싶을 만큼 괴로웠다고 한다.

"10톤 트럭 100대의 부담감이 한꺼번에 밀려왔어요. 아는 만큼 길이 보일 거라는 생각이 들어서 헐리웃 특수효과의 노하우가 담긴 전문지를 구해 공부했죠. 영화의 어느 한 장면도 거저 나오는 건 하나도 없어요. 감독의 모든 힘과 정성을 쏟아야만 원하는 장면이 나옵니다."

결국 감독님은 CG 적임자로 쥐라기 공원의 시각효과를 담당했던 케빈 레퍼티 감독과 연결되었고 원하는 장면을 얻어냈다. 괴물이 혼자 활개를 치는 장면보다는 괴물을 본 사람들이 놀라는 리액션 컷을 활

용하는 등 치밀한 계산으로 괴물의 등장을 최소화 시켜 제작비를 줄이면서 극적인 효과를 최대로 만들어 냈다.

"어떻게든 제작비만 뽑았으면 좋겠다고 생각했어요. 그래야 엉뚱하고 모험적인 시도를 계속 할 수 있으니까요. 이상한 건 하면 안 된다는 실패의 이정표가 되고 싶지는 않았어요."

'살인의 추억' 성공으로 단번에 스타감독으로 등극한 감독님은 2006년 '괴물'로 당시 한국 영화사상 최다 관객인 1300만 명을 동원하며 한국 영화사의 기록을 다시 썼다. 우리나라 사람들은 에스에프 괴수 영화라면 엄청난 선입견을 갖고 보는데, 그런 예측이나 우려가 난무하는 가운데 완성도 있게 찍고 보기 좋게 성공을 거두었다. 어찌 보면 감독님 특유의 모험적인 시도, 독창성과 함께 사소한 디테일까지 놓치지

않는 집요함 덕분인지도 모른다.

감독님이 다섯 번째로 메가폰을 잡은 영화 '설국열차'는 새로운 빙하기 인류 마지막 생존지역인 열차 안에서 억압에 시달리던 꼬리칸 사람들이 부자들과 공권력이 있는 앞쪽 칸을 향해 한 칸 한 칸 적과 맞닥뜨리면서 돌파해나가는 이야기를 그렸다. 틸다 스위튼, 크리스 에반스, 애드 헤리스 등 헐리우드 명배우에 송강호, 고아성이 함께 출연해 900만 관객을 동원했으며 이 작품으로 2014년 제50회 백상예술대상 영화부문 감독상을 받았다. '설국열차'의 흥행은 국내뿐만 아니라 해외에서도 이어져 중국의 경우 역대 한국영화 최고 오프닝 기록을 세우며 개봉 첫 주 4710만 위안(한화 약 82억원)의 박스오피스 매출을 기록했다고 한다.

영화 '설국열차'는 한국이 아닌 체코에서 촬영한 만큼 우리나라와 다른 제작시스템과 타국에서 영어로 씨름하며 고생을 많이 했다. 기차라는 공간의 제약 때문에 어떻게 찍을지 매일 고민했다. 거의 오기를 불태웠다고 할까. 기차에서 할 수 있는 건 다 해보자는 계획이었는데 오히려 기차라는 제한된 공간이 감독님의 풍부한 상상력을 발휘시켰다. 기차가 코너를 돌 때는 활처럼 휘니까 어떤 칸과 어떤 칸에 있는 사람들끼리는 마주볼 수도 있겠다 라든가 맨 뒤에 중요한 것을 놓고 오면 사람들끼리 릴레이를 하지 않을까 해서 성화 봉송 씬이 나오기도 했다. 종일 흔들리는 기차세트 안에서 몇 달간 지내다보니 멀미가 날 정도였는데 이보다 더 괴로운 건 타국에서 느끼는 정신적 공황이었다. 어떻게든 마음의 위로를 삼기 위해 촬영이 끝나면 장을 봐다가 요리를 즐기곤 했다.

영화의 생명은 독창성이다

감독님이 영화를 찍을 때 가장 중요하게 생각하는 것은 독창성이다.
"새롭고 독창적인 것은 개인적인 것에서 나온다고 생각해요. 사람들의 취향과 다른 자기 취향이나 감수성을 두려워하지 말고 오히려 기쁘게 생각해야 합니다. 우리나라는 특히 남과 다른 나를 두려워하는 경향이 있는데 겁내지 말고 자기가 좋아하는 취향을 키워나가야 독창성을 가질 수 있죠."

창작은 개인적인 일이다. 자기가 좋아하는 일을 우물을 파고들 듯이 들어가야 한다. 영화 '괴물'을 찍을 때도 한강에 웬 괴물이냐며 주변에서 말렸었다. '살인의 추억'도 결국 범인을 못 잡은 이야기인데 왜 영화화 하냐고 했었다. 그런 단계에서 남의 얘기에 휩쓸려 포기하면 결국 남들과 같은 걸 만들게 된다. 이미 존재하는 걸 하나 더 보태려고 애쓸 필요는 없다. 남들과 다른 것을 자랑스러워하며 거기에 매달려야 한다.

영화를 만드는 일은 모험의 연속이지만 감독님은 그것을 두려움이 아닌 새로운 즐거움으로 생각한다. 영화에 매료되어 영화를 만들고 있는 자체가 기쁘다. 그중에서도 머릿속에서 아주 오랫동안 상상해왔던 장면을 찍어서 극장의 큰 화면으로 턱하니 보여줄 수 있을 때 제일 행복하다. 그런 장면으로 영화 '마더'의 마지막 부분을 얘기하고 싶다. 엄마들이 달리는 고속버스에서 춤추는 장면인데 대학교 때부터 그 장면을 찍고 싶었다. 감독님이 어렸을 적 관광버스에 안에서 춤추고 놀던 아주머니들을 본 기억을 떠올려 만들었는데, 햇빛이 수평으로 버스 안을 비추도록 1월에 날짜를 잡아 찍었다. 버스 안 뒤쪽에서 앉아 있는 엄마가 일어나 아주머니들이 춤추고 있는 무리 사이로 들어가는 모습을 망원렌즈로 촬영해 인상적인 실루엣 장면으로 연출했다.

"모니터를 보니 엄마의 춤추는 동작이 해를 향해 손을 흔드는 것처럼 보이더군요. 자기 아이를 구하기 위해 지은 죄를 하늘의 태양에게 모

두 맡기겠다는 엄마의 심정이 담긴 것 같아 지금도 이 장면을 좋아해요."

2008년 1월, 이 장면을 찍고 집에 돌아갈 때 오랫동안 몸에 있던 혹 덩어리가 쑥 빠져나가는 기분이었다고 한다. 찍는 순간 짜릿하고 사람들에게 보여줄 때 안도감을 느끼며 비로소 할 일을 다 한 기분이라면서 머릿속에서 생각했는데 찍지 못하면 속병이 나고 찍어서 보여줘야 직성이 풀린다고 한다.

감독님은 아들이 세상의 전부인 엄마의 짐승 같은 모정을 그린 이 영화 '마더'로 깐 영화제 레드카펫을 밟았다.

보고 싶은 영화가 많지만 연령제한에 걸려 극장에서 맘껏 보지 못해 아쉬워하는 우리들에게 감독님은 다른 나라의 예를 들어주며 함께 안타까워한다.

"제 아이가 아직 어리지만 그동안 제가 감독한 영화는 모두 함께 봤어요. 그래도 별 문제 없다고 생각해요. 나라마다 영화의 심의기준이 달라서 허용하는 연령대도 달라요. 우리나라에서 '설국열차'는 15세 이상 관람가, '마더'는 청소년 관람불가였지만 프랑스에서는 12세 관람가 판정을 받았지요."

인터넷이 발달한 요즘 무엇인가 제한하고 못 보게 하는 것은 사실상 불가능하다고 생각한다. 손바닥으로 하늘을 가리는 것과 같다고 할까? 프랑스처럼 심의 기준을 많이 완화시키고 대신에 아이들이 솔직히 이야기하고 볼 수 있도록 하는 것이 좋겠다 싶다. 아마 앞으로 어쩔 수 없이 그렇게 되리라고 생각한다.

영화감독이 되고 싶은 우리들에게 영화 공부보다는 먼저 영화 찍는 일의 기본특성부터 알아야 한다고 말한다. 영화일은 집단작업이다. 영화 찍는 현장은 수많은 사람들이 움직이는 곳으로 영화감독이 되려면 우선 단체생활에 잘 적응하고 함께 어울릴 줄 알아야한다. 찍고 싶은 장면을 스크린에 펼쳐놓기 위해서는 아주 복잡한 단계와 큰 자본과 수백 명의 협조를 거쳐야 한다. 기본적으로 일 자체가 타인을 설득해야하는 작업이다.

"스태프가 되면 팀웍을 위해 자기를 희생하고 서로 맞춰 갈 수 있어야 해요. 감독이 되면 자기의 관점을 정확히 갖고 스태프들과 함께 자신이 지향하는 한 방향으로 팀 전체를 아우르며 끌고 갈 줄 알아야 하고요. 그러려면 리더십은 기본이고 단체생활 속에서 끊임없이 자신이 원하는 것이 무엇인지 명확하게 표현하고 상대방을 설득해야 해요."

가장 존경하는 영화감독으로는 '알프레드 히치콕' 감독을 꼽는다. 영국출신으로 미국으로 건너가 공포영화와 서스펜스 영화의 대가로 명성을 날렸던 분이다. 영화계에서는 거의 신적인 존재로 영화 언어를 발명한 사람으로 통한다. 그분은 평생 어떻게 두 시간 동안 관객을 장악할 수 있는가 연구했다고 한다. 배우를 찍는 각도부터 사소한 것까지 관객을 장악할 수 있는 모든 것을 스스로 발명하고 체득한 분이다. 이분의 영화는 오래되어서 요즘 우리들이 언뜻 보기에 촌스러울 수도 있지만 교과서와 같은 면이 충분하므로 영화감독을 하고 싶다면 고전으로서 꼭 공부해보길 권한다.

감독님은 영화감독으로서 평생 15편의 영화를 찍는 게 목표인데 설국열차까지 5편의 영화를 감독했으니 초기작 시대를 마무리 했다고 생각한다. 이제 중기로 접어드는 시점에서 900만 관객몰이를 한 설국열차에 이어 전혀 새로운 이야기의 차기작을 준비 중이라고 하는데 이번에는 어떤 작품을 얼마 만에 다시 보게 될까? 2014년 여름 '해무'의 기획과 각본 제작을 겸하며 숨고르기를 하던 감독님은 2006년 개봉해

1000만 관객이 들었던 영화 '괴물'의 연장선에 있는 괴수영화를 내놓을 예정이라고 한다. 이번에도 설국열차처럼 글로벌 프로젝트로 만들어질 것인지 아직 자세한 부분은 발표되고 있지 않지만, 영화마다 언제나 놀라움을 선사했던 감독님이기에 뜨거운 관심으로 기대를 모아본다.

Interviewer. 권혁준, 김민준, 김수현, 이채린

영화감독 봉준호

봉준호의 멘토
영화감독 알프레드 히치콕

영화감독들이 가장 닮고 싶어 하는
영화계의 전설

"나는 주제에 대해 별 관심이 없다. 다만 관객들로 하여금 비명을 지르도록 만
드는 데에만 관심을 가질 뿐이다." 알프레드 히치콕의 이 유명한 말 한 마디만
봐도 그의 고집스러움이 배어난다. 영화계의 전설로 불리는 알프레드 히치콕은
엄청난 장악력을 가진 고집스런 감독이었다. 스릴러와 서스펜스의 대가답게 관
객을 영화 속으로 빨아들이는 힘은 대단했다. 히치콕의 모습도 마치 심술궂은
아저씨처럼, 때로는 자신의 영화만큼이나 괴기스러울 때가 많았다고 한다. 특

이하고 유별나서, 그래서 더욱 특별했던 그는 남들과 너무 달라서 독특한 감독이었다. 영화를 향한 고집스러움에 진절머리가 난다는 배우들도 있었지만, 제2의 히치콕이 되길 바라는 영화감독이 상당하다는 점은 영화계에서 그가 미친 영향이 대단하다는 것을 알 수 있게 한다.

히치콕의 영화 현기증(1958), 싸이코(1960) 등은 반세기가 지난 지금도 여전히 걸작으로 손꼽히며, 많은 대중에게 여전히 회자되고 있다. 그는 여러 영화에서 실험적인 기법을 많이 도입했다. 연극작품을 영화화한다든지, 관객의 긴장을 고조시키기 위한 독특한 기법을 도입한다든지, 또 지금은 일반적인 기법이 되었지만 감독이 직접 자신의 영화에 카메오로 출연하는 기법 등은 히치콕만의 독특함을 반영한다.

영화에 빠진 '십대 봉준호'에게도 히치콕의 영화는 큰 의미였으며, 히치콕은 그가 영화의 세계로 발을 들여놓고 국내 영화계의 대가가 되기까지 큰 영향을 미쳤다. 봉준호 감독을 비롯해, 많은 감독들이 히치콕에게 배우고자 했던 것은 영화의 탁월함뿐만은 아니었다. 일사분란하게 돌아가는 촬영 현장에서 감독은 구심점의 역할을 해야 한다. 영화감독에게 리더십과 현장 장악력이 필요한 이유다. 그런 점에서 영화를 기획하고 찍고 세상에 내놓는 모든 과정에서 자기답게 제작을 이끌어가는 히치콕의 모습은 많은 감독들이 닮고 싶어 하는 모습이었다. 또한 히치콕의 영화를 향한 고집스러움은 일종의 장인정신처럼 여겨지며, 영화감독과 팬들에게 강렬한 각인을 남겼다.

Text. 이랑

영화감독 봉준호

꿈 셋

재미있고 잘 하는 일을 찾아
아무도 걷지 않은 길을 가다

대한민국 홍보전문가 서경덕

+

서경덕의 멘토 **기업경영인 정주영**

적극적인 노력으로
다양한 경험을 쌓아라

대학시절부터 대한민국 홍보에 관심

2015년 1월 1일 독도 앞바다에 위풍당당하게 띄워진 초대형 태극기가 지상파 방송을 통해 전국에 공개되었다. 가로 60m, 세로 40m 크기로 어마어마하게 큰 이 태극기는 추운 겨울, 서울도심 한복판 광화문에서 시민 이천여 명의 손도장으로 태극문양을 만들어 독도를 지키고자 하는 우리 국민의 염원을 담았다.

이 뜻 깊은 행사를 주최한 대한민국 홍보전문가 서경덕 교수님은 "독도는 당연히 한국 영토이기에 정치·외교적인 문제로 접근하기보다는 이러한 문화행사를 통해 자연스럽게 독도가 우리 땅임을 홍보하는 것이 더 효과적"이라고 강조하면서 그러려면 세계 1등이 뭐 하나라도 있어야 하겠기에 바다에 초대형 태극기를 띄우게 되었다고 한다. 이 초대형 태극기는 세계적인 베스트셀러 '기네스북'에 등재될 수 있도록 신청 중이다. 교수님 바람대로 만약 이 태극기가 기네스북에 등재된다면 세계인들은 자연스럽게 독도하면 대한민국을 먼저 떠올릴 수밖에 없을 것이다.

독도가 우리 땅임을 자연스럽게 알리고자 이러한 문화이벤트를 벌인 서경덕 교수님은 독도홍보를 비롯해 한글, 한복, 우리 음식 등 전 세계에 우리 문화를 알리는 홍보전문가로 이름을 떨치고 있다. 교수님 이전에 대한민국 홍보전문가라고 불리는 분은 없었다. 어떤 계기로 남들이 가지 않은 새로운 일을 하게 되었을까? 궁금해 하는 우리들에게 교수님은 우리나라의 세계화에 큰 몫을 하신 현대그룹 고 정주영 회장님 이야기부터 들려준다.

"고등학교 시절 텔레비전에서 정주영 회장님 인터뷰를 봤어요. 여러분은 그분을 잘 모를 수도 있지만 자수성가로 조선, 건설, 자동차 등 큰 기업을 일군 대단한 분이지요. 그 분이 말씀하시길 '해보지도 않

대형 태극기의 태극문양은 시민들의 손도장으로 만들어 독도를 지키고자 하는 우리 국민의 염원을 담았다. 이 행사는 추운 겨울날 도심 한복판에서 열렸는데, 남녀노소를 막론하고 2천여 명의 시민들이 적극 동참하였다.

고 어떻게 아느냐' 하시는 거예요. 무엇이든 마음먹은 것이 있으면 일
단 도전해보라는 것이지요. 그때 그 말씀이 제 인생에 큰 영향을 주
었어요."

교수님이 그 방송을 보고 감동받는 모습에 교수님 누나는 정주영 회
장님 일대기를 그린 책을 건네줬다. 책을 통해 회장님의 적극적인 도
전과 뚝심, 노력하는 삶을 접한 선생님은 대학에 가면 학과 공부에만
머물지 않고 많은 것을 경험하고 도전해야겠다고 마음먹었고, 그런 다
짐을 실천하는 첫걸음으로 대학 일학년 때 배낭여행을 떠나게 되었다
고 한다.

"그때 당시 세계화라는 말이 처음 나왔어요. 신문에서만 보는 세계화

2015년 1월 1일 독도 앞바다에 위풍당당하게 띄워진 초대형 태극기.

대한민국 홍보전문가 서경덕

말고 세계에 나가 세계가 어떻게 돌아가는지 직접 보고 내 인생을 판단해보고 싶었습니다."

89년 해외여행 자율화가 되면서 무작정 유럽으로 배낭여행을 떠났는데, 한국에서 왔다고 소개하니 사람들이 한국에 대해 아는 사람이 많지 않았다. 충격을 받은 교수님은 일개 대학생이지만 한국을 알리는 의미 있는 행사를 열고 싶었다. 그래서 광복절에 에펠탑 아래서 한국을 알리는 조그만 행사를 계획 했다. 그저 8월 15일 파리 에펠탑 아래에서 무슨 행사가 있다더라고 만나는 사람마다 소문을 냈다. SNS가 없던 시절, 오로지 입소문에 의지했기 때문에 많아야 한 삼십 명쯤 올 줄 알았다. 그런데 이역만리에서 한국인 여행객들과 외국인까지 합해 500명 가까이 모여들었다. 함께 애국가를 부르고 아리랑, 강강술래 등을 알려줬는데 외국인들이 굉장히 관심을 보였다. 그래서 전략적으로 준비를 잘 하면 보다 더 훌륭하게 한국 홍보 행사를 해외에서도 충분히 치를 수 있겠다는 자신감이 붙었다. 이렇게 생긴 자신감이 장차 자신의 인생을 바꿔놓을 줄 그때는 상상도 못했다.

세상에 없던 일을 창조해 전문가로 우뚝 서다

대학원 시절, 뉴욕의 메트로폴리탄 박물관에 들렀다가 그곳에서 한국어 서비스를 하지 않는다는 사실을 처음 알았다. 미국, 일본, 중국처럼 우리말 서비스도 꼭 지원되었으면 하는 바람이 생겼다. 비록 대학원생 신분이었지만 고교시절 정주영 회장님에게서 본받은 뚝심과 자신감으로 박물관 언어담당 디렉터와 직접 통화를 하고 수개월간의 기다림 끝에 직접 만나 한국어 서비스를 요청했다. 박물관 측의 검증 절차 외에 돈이 필요했다. 한 개인으로서 1년 6개월 동안 200군데가 넘는 재단과 기업, 정부기관을 끈질기게 찾아다닌 끝에 후원금을 마련해 일을 마무리 지을 수 있었다. 맨 처음 유치가 어려웠지 그 후로 후원해주는 분들도 점차 나서기 시작했다. 그렇게 한국을 세계에 알리는 일은 시작되었고 거듭되는 실패에도 지칠 줄 모르고 계속되었다.

10년이 넘게 한국을 홍보하는 일을 계속 하면서 언론에서 서경덕 교수님을 한국홍보전문가로 부르기 시작했다. 홍보전문가라는 직업은 있을 수 있지만 한국을 홍보하는 전문가는 세상에 없던 일이다. 사람들은 기업의 상품을 홍보하면서 보수를 받고 싶어 하지 한국을 해외에 잘 알리는 사람이 되고 싶어 하지는 않는다. 누가 돈을 주는 일이 아니기 때문이다.

서경덕 교수님은 세상에 없던 일, 가치 있지만 아무도 하지 않으려는 일에 열정을 쏟고 그 분야의 최고 전문가가 되었다. 이미 존재하는 수많은 직업 중에 하나를 택해서 진로를 결정할 수 있지만 세상에 없던 일을 만들어서 그 분야의 전문가가 될 수 있다는 사실을 보여줬다.

이 일을 오랫동안 계속 하고 있는 가장 큰 이유를 꼽으라면 자신이 잘할 수 있는데다가 무엇보다 재미가 있기 때문이다. 교수님은 재미있게 일 하는 것이 가장 중요하다고 강조한다.

뉴욕 현대미술관에 한국어 서비스를 유치한 후 방문할 때였다.

"티켓박스에서 제공되는 7개 언어 팜플렛 중 우리말 팜플렛을 직접 보니까 콧등이 시큰해지더군요. 그런데 바로 그 뒤에 커다란 전광판에 '환영합니다' 라는 우리말 글씨가 지나가는 거예요. 한 십여 분간 멍하고 그 자리에 굳어버렸지요. 그 감동을 지금도 잊을 수가 없습니다."

그간 한국어 서비스를 유치하기까지 까다로운 검증과정과 후원과정에 애태우던 모든 것이 눈 녹듯 사라지는 순간이었다. 바로 이런 재미가 교수님이 이일을 계속 하고 있는 이유이고 어려운 일을 해내는 데 가장 큰 힘이 되고 있다.

물론 모든 일이 술술 풀렸던 것은 아니다. 아무리 애를 써도 이루어지지 않는 일들도 많았다. 그러나 그때마다 마음의 여유를 찾으려고 노력한다.

"실패는 실패로 끝나는 것이 아니라 나중에 언젠가 이루어질 수 있게 지연된 것이라고 생각해요. 그러니 실패는 성공의 어머니지요. 제 20대 때 아무도 도와주지 않아 실패했던 일들을 이제는 하나씩 해결해 나가고 있잖아요."

그때 당시는 성공하지 못했지만 시간이 지나서 성사되는 경험이 쌓이다 보니 실패했다고 결코 낙담하지 않게 되었다. 마음의 여유를 가지고 대처하면 나중에 그 일을 추진할 수 있는 힘이 생기는 것이다. 기회는 언제든지 다시 오게 마련이다.

교수님은 "하다보면 기회가 만들어져요. 물론 기회는 열심히 준비한 사람에게만 보이지요."라면서 우리들에게도 무엇인가 원하는 대로 이루어지지 않았다고 좌절하지 말라고 당부했다.

"학생들을 보면 너무 짧은 시간에 이루려고 하고 안 되면 쉽게 포기하는 거 같아요. 지금 안됐어도 앞으로 더 조율할 수 있는 부분이 언제든 오니까 너무 급하게 서두르지 말길 바랍니다."면서 대신 뭔가 계획을 세웠으면 최선을 다하길 바란다고 한다. 하려는 일에 최선을 다하기 위해 교수님은 핸드폰도 피처폰으로 바꿨다. 요즘 아이들 셋만 모이면 대화도 없이 폰만 보고 있는 모습을 흔하게 볼 수 있는데, 최첨단도 좋지만 각자의 현실에 맞게 조율하려는 의지가 필요하다.

독도, 한식, 한복, 한글 등 우리 것 알리기에 전념

서경덕 교수님은 독도지킴이라는 이름이 붙을 정도로 독도와의 인연이 깊다. 2005년, 뉴욕에 머물 때였다. 일본 시마네현에서 '다케시마의 날' 조례 제정을 했다는 턱없는 발표에 충격을 받았다. '일본이 왜 이러나. 조용히 있어서는 안 되겠다'는 생각이 들었다. 일본 정부의 부당함을 전 세계에 알리고 싶었다.

"누군가는 해야 될 일인데 정부나 기업에만 미루지 말고 민간인 차원에서 한 개인이지만 한번 해보자. 후회 없이 될 때까지 해보자는 생각

이 들었어요."

그때 뉴욕에 있었기 때문에 뉴욕타임스의 위력을 느끼고 있었을 때라 거기에 독도 광고라도 한 번 내보자는 생각이 들었다. 당시는 후원해 줄 사람도 없어 대학시절 아르바이트로 조금씩 모은 돈을 다 털었다. 6개월간 각고의 노력 끝에 드디어 작은 박스 광고를 뉴욕타임스에 실을 수 있었다. 세계 여론을 좌지우지하는 뉴욕타임스의 독도 광고는 우리나라뿐만 아니라 전 세계인에게 큰 반향을 일으켰다. 교수님이 하는 일도 널리 알려져 여러 곳에서 우리나라 홍보에 든든한 지원군도 생겼다. 이후 지금까지 각계의 도움으로 약 50여 차례의 대한민국 홍보 광고를 세계 유수 미디어에 싣고 있다.

교수님은 현재 정부에서 운영하는 '세종학당재단'의 이사직을 맡고 있

왼쪽 / 서경덕 교수님은 뉴욕타임스퀘어 광장에 대한민국 홍보 전용 광고판을 만들어 24시간 내내 대한민국을 광고하는 것이 꿈이다.
오른쪽 / 서경덕 교수님은 전 세계인을 대상으로 한국어와 한국의 문화를 가르치는 '세종학당'에서 개그맨 서경석 홍보대사와 함께 '한글 공부방 지원 프로젝트'를 진행하고 있다.

다. '세종학당'은 전 세계인을 대상으로 한국어와 한국의 문화를 가르치는 곳인데 개그맨 서경석 홍보대사와 함께 '한글 공부방 지원 프로젝트'를 진행하고 있다.

"자기 비용을 내서 한글학교를 운영하는 선생님들이 많아요. 한글을 가르치는 데 드는 모든 비용을 정부가 다 지원할 수는 없기에 후원자들의 도움을 받고 있지요."

현재 일본 교토, 태국 방콕의 6.25 참전마을, 베트남 호찌민, 러시아 모스크바 등 한글 공부에 가장 의미 있는 곳을 찾아 먼저 교육 물품과 시설 등 시스템을 지원하고 있다. 글로벌 시대를 맞아 한글의 중요성이 더욱 중요해지고 있는 지금 세계의 젊은이들에게 한글을 널리 전파할 수 있도록 힘을 쏟을 예정이다.

이렇게 우리나라를 홍보하는 데 아무리 후원을 받는다고 하지만 교수님 개인 비용도 적지 않게 들어간다. 독도 앞바다에 띄운 태극기를 만

든 천도 교수님 개인 비용으로 충당했다고 한다.

"제가 후원만 잘 받는다는 오해도 있어요. 후원을 잘 받는 것은 제 스스로도 투자하기 때문이지요. 기본적인 교수 월급만 생활비로 사용하고 나머지 외부 강연이나 방송출연료, 책의 인세까지 한국 홍보에 많이 사용하고 있어요. 이렇게 개인 비용을 투자함으로써 저의 굳은 의지를 보여주게 되는 것이지요."

요즘엔 교수님이 하는 뜻 깊은 일에 동참하고자 유명 연예인들의 재능 기부나 정부, 기업의 후원이 이어지고 있다. 가장 고마운 것은 얼굴 한 번 보지 못한 네티즌들의 응원이다.

"다음 아고라에서 독도와 동해 광고 후원금을 모금한 적이 있었는데 한 달 동안 10만 여명이 2억 1천만 원을 모아줬어요. 정말 감동적인 일이죠."

처음 독도로 시작한 광고는 이제 동해와 위안부, 한식, 한복 등 점점 다양해지고 있다. 유명 저널뿐 아니라 뉴욕 한복판 타임스퀘어 광장에 비빔밥과 아리랑 영상광고도 냈다.

앞으로 가장 바라는 일은 뉴욕 타임스퀘어 광장에 국가 단위로는 세계 최초로 대한민국 홍보 전용 광고판을 만드는 것이다. 24시간 독도, 동해, 한식 등에 대한 광고를 하고 싶다.

어떻게 이런 생각을 다 할까? 교수님의 홍보에는 항상 참신한 아이디어가 가득하다. 이런 아이디어를 가장 많이 얻는 곳은 다름 아닌 일하는 현장이라고 한다. 예를 들어 국내외 유명 골퍼를 독도로 초청해

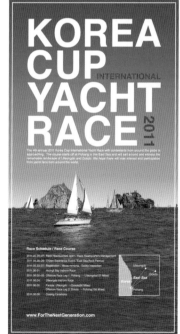

동도에서 티샷해 150여 미터 거리의 서도 홀컵에 홀인원 시키는 골프 이벤트를 할 예정인데, 이것도 독도 앞 바다에 태극기를 띄우러 갔을 때 떠오른 아이디어라고 한다. 이렇게 발품을 팔아야 생생한 아이디어가 나온다. 매일 아침 보는 신문에서도 좋은 아이디어를 종종 얻는다.

"8백 원의 행복이 신문을 사는 것이라고 생각해요. 자기가 원하는 면만 치우쳐 보게 되는 포털 사이트보다는 세상 돌아가는 상황들을 다양하게 한눈에 읽을 수 있는 신문이 더 좋아요. 신문을 보면 아이디어가 샘솟곤 합니다."

신문을 읽다보면 논리적인 글쓰기나 말하기에 도움이 많이 된다면서 우리들에게 신문 즐겨 읽기를 적극 권한다.

"요즘 학생들은 정보검색 능력은 뛰어난데 그에 비해 자신만의 깊이 있는 사고가 부족해요. 가장 중요한 건 개념을 잡고 자신만의 결론에 도달하는 힘, 생각을 깊이 있게 하는 힘이에요. 종합적으로 생각할 수 있는 힘을 키우는 데 신문읽기가 아주 좋지요."

잘 할 수 있고 재미있는 일을 찾아야

서경덕 교수님의 어린 시절 꿈은 택시기사였다. 자가용이 집집마다 흔치 않았던 시절, 원하는 곳 어디든 갈 수 있는 택시기사가 최고의 꿈이라고 생각했다. 어렸을 적 책읽기를 즐겨 했는데 그중에서도 사회과

부도를 제일 재미있게 읽었다. 교과서 지도책을 제일 흥미 있게 봤던 교수님을 보고 누나들은 그때부터 방랑벽을 알아봤다고 놀리지만 그때부터 슬슬 세계로의 꿈을 키워나갔던 것은 아닐까?

학창시절에 특히 체육, 그림, 음악을 좋아했는데 국어, 영어, 수학도 중요하지만 이런 예체능교육이 사회성과 창의성을 길러주는 좋은 방법이라고 믿는다. 요즘도 홍보에 관한 많은 아이디어를 예체능을 통해서 얻는다.

전공은 홍보와는 거리가 멀게 느껴지는 조경학을 대학원까지 쭉 이어 공부했다. 대학시절부터 홍보에 열정을 기울이면서 왜 언론이나 미디어 쪽으로 대학원을 가지 않았을까? 교수님은 자신의 전공에 얽매이지 말고 전공을 어떻게 사회에 활용하느냐가 더 중요하다고 한다. "제가 해외에 나가면 조경학을 공부했기 때문에 정원을 유심히 봐요. 만약에 우리가 중국이나 일본처럼 코리아 가든을 만들어 놓으면 많은 사람들이 와서 한국의 이미지를 갖게 될 거예요. 제가 조경 쪽을 공부하지 않았다면 이런 아이디어를 낼 수 있었을까요? 그러니 다양한 분야의 융합이 꼭 필요해요."

홍보전문가가 되고 싶다는 청소년들이 많다. 어떻게 준비하면 좋을지 물어올 때면 교수님은 어느 분야의 일을 한 가지 공부로만 좁혀 생각하지 말라고 조언한다.

"지금 시대는 외골수보다는 마당발이 필요합니다."

광고만 봐도 국문학을 전공해서 멋진 카피를 쓸 수 있고 디자인을 배워 멋진 공간을 꾸밀 수도 있다. 혼자서 해낼 수 있는 일이란 없기 때문에 여러 사람들과 협력할 줄 아는 자세가 무엇보다 중요하다.

홍보를 잘 하려면 당연히 적극적이고 활발하고 사람들과 잘 어울릴 수 있으면 좋다. 그러나 일에 맞춰 노력하다보면 내성적이고 소극적인 성격도 변하게 마련이다. 성격도 스스로 자신을 닫아놓지 말고 노력하면 바꿀 수 있다. 특히 긍정적인 마인드는 홍보뿐만 아니라 모든 일에 꼭 필요한 자세다.

이번에 초대형 태극기를 독도 앞바다에 띄울 때도 교수님의 적극적 진행과 더불어 많은 사람들의 협력이 일을 성공시키는 데 결정적인 도움이 되었다. 무게만 해도 500kg이 넘는 대형 태극기를 바다에 띄우자니 많은 사람들의 협력이 필요했고 특히 전문가의 도움 없이는 성공하기 어려운 일이었다.

교수님은 "제가 하는 일의 성공은 주변 전문가들의 긴밀한 협조에 달렸다고 생각해요."라면서 대한민국 홍보에 필요한 모든 것을 다 알 수는 없기에 전문가들의 도움이 꼭 필요하다고 강조한다. 그래서 그 흔한 SNS나 전화보다 먼저 시간을 내어 전문가들을 직접 찾아가 얼굴을 뵙고 의견을 나눈다. 전화와 직접 만나는 것은 엄청난 차이가 있기 때문이다. 그 분야의 기본 상식을 가지고 대화에 필요한 단어라도 알아야 소통이 되니까 사전 준비 작업으로 공부를 많이 한다. 지금도 그런 부분에 가장 많은 시간을 할애하고 있다고 한다.

한창 꿈을 찾고 키워나가야 할 우리들에게 당부말씀도 잊지 않으신다.

"이 세상에 나름 꿈이 없는 사람이 있을까요? 그런데 꿈을 갖는 것보다 더 중요한 것은 자신의 꿈을 이루려는 치열한 노력이지요. 나중에 어떤 사람이 되겠다는 거창한 계획보다는 지금 현실에서 할 수 있는 것을 열심히 해내는 것, 그것이 자신의 꿈을 실현시킬 수 있는 최선의 방법이라고 봐요."

교수님은 이제 더 이상 명문대 졸업장이 삶을 좌지우지하는 세상은 아니라고 강조한다. 자신이 할 수 있는 만큼 공부를 열심히 하는 것은 중요하지만 어느 대학의 어느 과를 꼭 가야한다는 생각은 버려도 되지 않을까. 하고 싶은 일이 점수가 안 되서 못하는 세상이 아닌 만큼 스스로 자신이 잘 할 수 있는 일을 찾아 진로를 정하는 것이 중요하다.

"현실에 안주하느라 자신이 잘 할 수 있는 능력을 죽을 때까지 못 찾는 사람들도 많아요. 여러분은 지금은 물론이고 대학생, 이다음에 직장인이 되더라도 그 안에서 적극적인 노력으로 다양한 경험을 쌓길 바랍니다. 그래야 자신이 가장 잘 할 수 있는 일을 찾아낼 수 있어요. 원하는 일에서 재미있는 일을 찾고 재미있는 일에서 잘 하는 일을 찾아가는 일! 여러분의 꿈을 응원할게요."

Interviewer. 권혁준, 김정현

대한민국 홍보전문가 서경덕

서경덕의 멘토
기업경영인 정주영

맨손으로 부와 명예를 이룬
자수성가의 대명사

고 정주영 회장은 우리나라에서 기업경영인으로 가장 존경받는 인물 중에 한 분이다. 특히 자수성가의 대명사이면서 맨손으로 부를 쌓고 명예를 이룬 인물로 유명하다. 영화나 드라마로 제작될 정도로 파란만장한 그의 일대기는 젊은 이들에게 도전의 참 의미를 전달하기에 충분했다. "불가능하다고? 해보기는 했어?", "잘 먹고 잘 살라고 태어난 게 아니야. 좋은 일을 해야지." 등등 그가 남긴 어록들은 지금도 많은 사람들에게 회자되고 있는데, 화려한 미사여구가 아니라, 몸소 실천한 도전과 노력, 성공이 그대로 배어있다는 점에서 여전히 사람들에게 자주 인용되곤 한다.

정주영 회장은 1915년 강원도 통천에서 6남 2녀의 장남으로 태어났다. 통천 송전소학교를 졸업했으며 가난 때문에 중학교를 진학하지 못했다. 그는 농사를 짓고 어린 나이에 막노동으로 돈을 버는 이재에 밝은 청년이었다. 그러다 쌀가게 배달원으로 일하며 성실함을 인정받아 주인으로부터 가게를 물려받게 된다. 이미 20대부터 실패와 도전을 번갈아가며 다양한 사업 경험을 쌓게 되는데, 부도 위기에 있는 자동차 수리공장을 인수하는가 하면 화재로 공장을 잃은 후에도 다시 공장을 지어 사업을 이어갔다. 이후 일제의 기업정리령으로 공장을 빼앗기게 되지만, 이후에도 좌절하지 않고 새로운 도약을 준비하는 열정을 보였다.

1946년에는 현대그룹의 모체라고 할 수 있는 현대자동차공업사를 설립했다. 이듬해에는 현대토건사를 건립해 건설업에도 진출하였다. 한국전쟁으로 서울이 폐허가 되고 부산으로 피난을 가게 되지만, 서울 수복 후 전쟁으로 폐허가 된 땅에서 그는 기회를 찾고 성공의 발판을 마련했다. 실제 한국전쟁 이후에는 도로, 교량, 항만 등 사회간접자본 시설을 복구하는 토목사업을 맡으며 사업을 크게 성장시켰다. 고 정주영 회장의 삶은 우리나라 현대사와 궤를 같이 한다고 할 수 있다. 정주영 회장의 생애 속에 우리나라가 산업화를 이루고 경제성장을 해나가는 과정 자체가 녹아있기 때문이다. 전쟁 이후 국내 경제가 성장하면서 해외 진출이 가능해지자, 해외로 눈을 돌려 국내에서 처음으로 해외 건설을 수주

해 중동 붐을 일으키기도 했다. 무엇보다 빼놓을 수 없는 정주영 회장의 업적은 우리나라 자동차산업에 있다. 미국이나 독일에서나 만들 수 있다고 여긴 자동차를 국내에서 직접 양산했기 때문이다. 현대자동차에서 1976년에 출시한 포니 자동차는 국내 최초 상용 자동차가 되었다.

그는 한때 세계 부자 순위 9위에 오를 정도로 많은 재산을 쌓았다. 소학교 출신으로 막노동으로 시작해 이룬 부였다. 하지만 오로지 부를 쌓는 데만 혈안이 된 기업인은 아니었다. 그는 고향에 대한 사랑을 바탕으로 대북사업에 공을 들이고 민간교류에도 힘썼다. 그의 고향 강원도 통천은 현재 북한에 속하는 지역이기 때문에 정 회장은 평생 실향민으로 살았다. 그의 아호 아산(峨山) 역시 자신이 태어난 고향의 이름을 딴 것일 정도로 고향에 대한 사랑은 매우 유명하다. 기업을 키우고 경제발전을 위해 뚝심을 다해 부를 이룬 것과는 다른 측면에서 1998년 김대중 정부가 출범하면서는 정부의 대북 햇볕정책에 따라 금강산 개발사업에 뛰어들었다. 그리고 1998년에는 세계가 주목한 엄청난 이벤트로 관심을 모았다. "통일소 1001 마리", 정주영 회장은 "통일소"라 불린 소 500마리와 함께 판문점을 통과해 북한을 방문했고, 같은 해 10월에 501마리의 소를 이끌고 다시 북한을 방문해 국제적으로 큰 주목을 받았다. 트럭에 소를 싣고 판문점을 거쳐 북한을 방문하는 모습은 규모뿐 아니라 그 의미에 있어서도 장관으로 평가받았다. 그리고 이 일을 계기로 금강산 관광 사업을 착수해 남북 간 민간교류를 확대하는 데도 기여했다.

2001년, 정주영 회장은 85세를 일기로 세상을 떠났다. 사후에는 2001년 5월 제 5회 만해상 평화상이 수여됐고, 2006년 11월에는 타임지 선정 아시아의 영웅 으로 선정, 2008년 DMZ 평화상 대상이 특별 추서되는 등 사후에도 공로를 인 정받고 있다. 그러나 무엇보다 많은 사람들에게는 모두가 불가능하다고 여긴 일들을 성공으로 이끈 뚝심과 도전정신이 강하게 각인되어 있다. 기업을 세워 재벌그룹으로 성장시키고 통일소를 이끌고 북한을 방문했던 일들, 수많은 사업 을 벌이고 실패하고 다시 일으키면서 그가 보여준 도전정신은 여전히 많은 사람 들이 닮고 싶은 멘토의 모습이 되고 있다.

Text. 이랑

꿈 넷

스스로에게 감동 주는
최고의 연기를 꿈꾸다

리듬체조 선수 손연재
+
손연재의 멘토 발레리나 강수진

리듬체조 선수 손연재

끝까지 해보겠다는
각오와 열정으로 목표를 이루다

다섯 살부터 리듬체조 시작한 체조요정

"체력적으로 너무 많이 힘들고, 국내에서 치르는 대회라 심리적으로도 부담감이 컸는데 그 부분을 이겨낸 것 같아 기뻐요."

2015년 5월 충북 제천에서 열린 리듬체조 아시아선수권 개인종합 결승에서 손연재 누나는 최악의 조건을 딛고 금메달을 목에 건 후 이렇게 소감을 전했다. 이 대회에서 누나는 발목 부상 때문에 다른 해보다 훈련이 많이 부족했지만 리듬체조 4개 종목 모두를 실수 없이 연기해 국내 팬들의 뜨거운 박수갈채를 받았다. 2013년 아시아선수권에 이어 2014년 인천 아시안게임에서 개인종합 정상에 오른 누나는 이로써 3년간 아시아 퀸 자리를 유지하게 되었다.

누나는 금메달을 목에 걸 때마다 다섯 살 때 어머니의 권유로 리듬체조를 처음 배우던 때가 떠오른다면서 그동안 모든 과정에 어머니의 아낌없는 지원과 희생이 있었기에 오늘의 손연재가 있다고 강조한다.

"어머니께 항상 감사드려요. 어머니는 가장 가까이에서 저의 고된 훈련과 여러 가지 어려운 점을 지켜보셔야 하기에 더 힘드실 거예요. 제가 경기를 펼칠 때면 얼마나 긴장하시는지 두 눈을 감아버리셔요. 차마 제가 경기하는 모습을 지켜보실 수 없으신 거지요. 그런 어머니를 보면서 실수 없이 더 잘해내고 싶어 더욱 노력하게 되요."

그냥 취미로만 할 수도 있었을 텐데 어떻게 체조 선수가 되었을까? 이에 대해 누나는 "취미로 시작한 리듬체조를 지금까지 계속 하고 국가대표까지 될 줄은 생각도 못했어요. 언제부터 그렇게 하겠다고 마음먹은 것은 아니지만 열정과 흥미를 가지고 꾸준히 노력하다 보니 어느

새 인정을 받을 수 있게 된 것 같아요."라고 설명한다.

언젠가부터 체조요정이라고 불릴 정도로 전 국민적인 관심을 받고 있는 누나는 아주 어렸을 때부터 리듬체조를 해왔기 때문에 다른 운동에 대해서는 생각해 본 적도 없다고 한다. "시즌 때는 하루 8시간 이상 훈련을 해요"라면서 "다섯 살 때부터 리듬체조를 시작해서 지금까지 운동 외에는 다른 것을 제대로 해 본 기억이 없어요. 때문에 체조 외에 다른 건 뭘 잘하는지도 몰라요."라고 털어놨다. 경기장에서 밝은 미소를 지으며 멋진 연기를 선보이는 누나의 화려한 모습 뒤에는 오직 체조에 대한 열정과 피나는 노력의 과정이 있었던 것이다.

앞만 보고 달려온 도전의 시간

누나는 2010년 고등학교 1학년 때 시니어 세계선수권에 첫 출전했다. 당시 24명까지 결선진출을 할 수 있어 당연히 세계 24등 안엔 들 줄 알았는데 32등을 해서 굉장히 충격을 받았다고 한다. 그래서 광저우 아시안게임을 한 달 앞두고 체조강국인 러시아로 혼자 유학을 떠났다. "그때 나름 열심히 하고 스스로에 대해 만족하던 시기였는데 세계무대의 벽을 느꼈고 이대로는 안 되겠다 싶어서 러시아 유학을 결심하게 되었어요. 지금 생각해보면 그때 그 각오와 결심이 정말 잘 한 일 같아요."

리듬제초 선수 손연재

부모님도 큰 결정을 하시고 누나를 보내주셨는데 정말 비장한 각오를 하고 갔다고 한다. 그 때 훈련비용이 꽤 필요했는데 후원이 없어 모두 사비를 털어 충당했다. 당시 평범한 집안에서 뒷바라지하느라 애쓰시는 부모님의 고충을 알기에 "아파도 쉴 수가 없었어요. 하루가 아까웠으니까요. 그래서 더 열심히 했어요."라며 조금이라도 더 배우기 위해 이를 악물고 노력했다고 한다.

그 당시 누나는 훈련비, 프로그램비, 음악비, 의상비, 국제대회 출전비용까지 모두 사비로 부담해야 돼서 많이 힘들었다. 누나의 훈련비용을 충당하기 위해 어머니는 아버지와 함께 맞벌이를 하셨다. 그렇게 한 달 간의 러시아 유학 후 누나는 광저우 아시안게임에서 메달을 땄고 그 후부터는 다행히 조금씩 후원이 들어오고 광고를 찍게 되어 경제적인 부담이 많이 줄어들었다.

지금은 러시아에서 훈련받는 것에 익숙해져있지만 처음 유학 갔을 때는 많이 힘들었다. 누나는 "부모님과 친구들 없이 갑자기 홀로 말도 안 통하는 곳에서 생활하려니 정말 힘든 부분들이 많았어요. 그래도 목표를 가지고 힘든 순간들을 이겨냈기에 지금의 제가 있을 수 있었던 것 같아요."라면서 "무엇보다도 무슨 일이 있어도 목표를 이루고 말겠다는 각오와 열정이 힘든 시간을 극복할 수 있는 힘이 되었다."고 회고한다.

운동에 집중하다보면 자연스럽게 포기해야하는 부분들이 있다. 손연재 누나도 같은 나이 또래 친구들과 똑같은 관심사를 가지고 있기에 친구들을 만나 수다 떨고 음악 듣는 것을 즐기고 영화 보는 것도 좋아한다. 그러나 이런 것들은 모두 훈련 기간 동안 어림없는 일이다. 특히 러시아에서 훈련을 하는 동안에는 친구들이나 가족들과 떨어져 오랫동안 외롭게 지내야 한다.

"한국에선 집 밖에 나가면 친구들을 만날 수 있지만 러시아에서는 정말 외롭고 스트레스를 풀 방법도 별로 없어요. 매일 트레이닝복만 입고 있다가 어느 날 하루 예쁜 옷을 입고 시내에 나가서 하루 종일 걸어 다니며 머리를 식히는 정도에요."

꼭 러시아에 가서 훈련을 해야 하는지 궁금했다. 이에 대해 누나는 세계적인 선수들과 경쟁하기 위해 최적화된 훈련 환경을 생각하면 힘들어도 러시아에서 훈련하는 것이 효과적이라고 한다. 2016년 리우데자네이루 올림픽까지는 러시아를 오가며 훈련 할 예정이며 그때까진 모든 걸 미루고 오직 체조에 집중할 생각이다.

외국에 자주 나가 있다 보니 떡볶이, 순대, 김밥 같은 우리나라 길거리에서 흔하게 먹을 수 있는 음식도 그리운 대상이 되곤 한다. 목표를 위해 매진하다보니 자기 나이 또래에 즐겨야 할 많은 활동들에 제약이 있어 아쉽기는 하지만 후회는 없다.

"어렸을 때부터 지금까지 리듬체조 선수로 열심히 운동할 수 있는 것에 감사해요. 그리고 이루고 싶은 목표가 있으니 희생해야 하는 부분도 당연히 감수해야 한다고 생각합니다."

리듬제초 선수 손연재

손연재 누나는 2012년 런던 올림픽에서 개인종합 5위라는 사상 최고
의 성적을 올리면서 세계무대에서 스스로의 가능성을 확인했다.

"런던에서 한 발 한 발 내딛는 순간, 1분 1초 잊을 수 없는 순간이었어
요. 연습장, 훈련용 천막, 코치님이 한 말씀 하나하나가 지금도 생생하
게 기억나요."

2014년 4월 포르투갈 리스본 월드컵에서 개인종합 금메달 4개를 따
고, 9월에는 터키 이즈미르 세계선수권대회 후프에서 동메달을, 곧바
로 열린 10월 인천아시안게임에선 대한민국 리듬체조 사상 첫 금메달
을 목에 걸었다. 이렇게 2014년 눈부신 활약을 한 손연재 누나는 여
론조사 기관인 한국갤럽의 발표에서 '올해 뛰어난 활약을 한 스포츠
선수' 1위에 오르기도 했다.

손연재 누나는 오랜 목표로 삼았던 인천 아시안게임에서 금메달을 땄
던 순간 최고로 기뻤다고 한다.

"그때 보람과 벅찬 감동이 한 번에 밀려왔어요. 오랜 노력과 시간을 투
자하여 목표했던 결과를 얻었을 때는 어떤 일이든 정말 행복한 순간
인 것 같아요."

홈경기이기에 더욱 기대를 받고 국민적 관심이 쏠려 더 부담스러웠을
것 같은데 운동선수로서 이런 부담감을 어떻게 극복하는지 궁금했다.
누나는 "인천에선 하늘이 무너져도 1등을 해야 한다는 생각뿐이었어

요. 부담감도 컸지만, 그보다 더 강한 의지로 활활 타올랐던 것 같아요. 한국에서 하기 때문에 솔직히 경기장 안에서도 걱정을 많이 했는데 막상 제가 경기를 할 때 관중들이 진심으로 제가 잘하기를 바라는 마음이 느껴져서 오히려 힘을 내서 더 마음 편하게 했어요."라고 설명한다.

손연재 누나는 이제 정상권을 지켜야 하는 '6년차 에이스'가 되었다.

"여태까지 해온 것이 있으니까 떨어지고 싶진 않아요. 이젠 전문가가 아니면 볼 수 없는 디테일까지 완벽하게 소화해서 스스로에게 감동을 주는 연기를 하고 싶어요. 선수로서의 마지막 목표예요. 스스로의 기대치를 충족하고, 스스로 감동을 주는 무대를 만들면 메달도, 결과도 따라오지 않을까요?"

긴장감 넘치는 경기 상황에서 감동까지 준다는 것은 대단한 경지일 것이다. 누나는 2013년 이후 월드컵시리즈에서 11대회 연속 메달을 땄

지만 메달을 따야 한다는 부담감에 급급해, 감동이나 몰입 면에서는 부족했던 아쉬움이 있다고 한다. 모든 것을 쏟아서 준비했을 때는 실수를 해도 상관이 없다고 생각한다. 런던 올림픽 때 그랬다. 성적에 연연하지 않고 한 발 한 발 딛는 것 자체가 행복했다. 그래서 많은 분들께 감동을 드릴 수 있었고 그 느낌을 다시 한 번 맛보고 싶다.

대한민국 최고의 스포츠 스타로 거듭나기까지 이런저런 시련도 많았다. 곱지 않은 시선, 내맘 같지 않은 눈빛 때문에 눈물도 흘렸다. 누나는 "친구들이 가끔 물어봐요. 안 좋은 얘기들이 있는데, 왜 아니라고 적극적으로 해명하지 않느냐고." 그러나 이제 예전처럼 잠 못 이루는 일은 없다. 나도 내 의견이 있는데 다른 사람들도 각자의 의견이 있을 것 같다는 생각을 하게 되었다. 세상의 잣대보다 스스로의 마음에 드는 사람이 되는 것이 가장 중요하기 때문에 그런 대응보다는 실력을 발전시키고 좋은 성적을 거두는 데 온 신경을 쏟고 있다.

리듬체조가 인생의 전부

아름다운 체조 경기를 펼치는 누나의 멘토는 누구일까? 당연히 세계적인 체조 선수일 거라는 우리들의 예상이 빗나갔다. 누나는 "평소에 발레계의 살아있는 전설 강수진 선생님을 존경하는 우상이자 인생의 멘토로 꼽고 있다."면서 "발레와 리듬체조는 몸으로 표현하는 예술이기에 공통 관심사를 두고 만나기도 했었다."고 한다.

"강수진 선생님은 제가 가야할 길에 대한 인생의 대 선배님으로서 좋은 본보기를 보여주신 분이세요. 운동선수의 길도 발레처럼 자신과의 치열한 싸움이거든요. 홀로 길고 외로운 길을 가야해요. 선생님의 치열한 유학시절 이야기를 보면서 더욱 노력하는 계기가 되었고 스스로 최선을 다해야겠다는 다짐을 굳히곤 했었어요. 그러다가 2013년 러시아 모스크바 그랑프리 대회에서 동메달을 따고 돌아온 뒤 처음 선생님을 뵙게 되었어요. 그 당시 제가 스트레스를 받을 때면 자꾸 먹게 되어 쉽게 살이 찐다면서 다이어트의 어려움을 토로했더니 선생님도 '스무 살 시절, 독일 슈투트가르트 발레단에 처음 들어와 외로움에 시달릴 때, 스트레스로 살이 많이 쪄서 지적을 수없이 받았다'는 충격적인 사실을 고백하셨어요. 그 당시 선생님에 비하면 제 몸매는 날씬하다며 칭찬까지 해주셨어요. 그때 처음 만났지만 오랜 친구처럼 정신적인 공감대를 나누면서 위로를 많이 받았지요."

손연재 누나는 체조선수로서 체중관리가 가장 힘든 부분이라고 한다. 체중과 관련이 없는 일반 운동선수들은 사실 굉장히 잘 먹는다. 그런데 체조선수들은 엄격하게 체중관리를 통해 날씬한 몸을 유지해야한다. 이에 대해 누나는 "어렸을 적에는 먹어도 살이 잘 안 쪘는데 스무살이 넘어서부터 체중관리를 하지 않으면 안 되었다."면서 그러나 "체조선수라면 어차피 감당해야할 부분이라고 생각하면서 평소에 다이어트 하는 습관을 붙이고 있다."고 한다.

누나는 시즌 때는 하루 7~8시간 정도 연습을 한다. 발레형식을 빌려서 선수들 다같이 1시간 반에서 2시간 정도 몸을 풀고 그 다음 코치 선생님과 1 : 1로 종목에 따라 음악에 맞춰 오전, 오후 연습을 한다. 이렇게 오랜 시간 연습을 해야 한다니 부상이나 아픈 데도 많이 생기지 않을까?

"어느 운동선수든 잔부상에 시달리는 것 같아요. 체조도 마찬가지로 끊임없이 같은 근육을 반복적으로 사용해야 하기 때문에 부상은 어쩔 수 없어요. 최대한 그러한 부상을 줄이고 정상적인 컨디션을 유지하려고 노력하는 것이 정말 중요하다는 것을 운동을 할수록 느낍니다."

누나의 체조 장면 중 특히 후프 같은 경우는 신기하고 아름다운 동작들이 유난히 많이 나온다. 안무는 어떻게 짜게 되는 것인지 궁금했다.

"제가 어렸을 적에 체조와 발레를 같이 시작했어요. 체조도 좋지만 발레도 워낙 좋아했어요. 그러다보니 발레음악에 맞춰 추는 후프 종목에 유난히 애착이 가네요. 후프 종목의 안무를 할 때는 다른 종목에 비해 제 아이디어를 더 많이 내는 편이에요. 그렇게 계속 수정하면서 하다보니까 더 좋은 작품으로 완성되는 면도 있다고 생각합니다."

누나는 체조계의 강자 러시아 선수들에 비해 신체적으로 유리하지 않아 스트레스를 받기도 한다. 아무리 체중관리를 해도 체형의 차이가 있고 더군다나 다리 길이에 차이가 있기 때문에 피나는 연습에도 불구하고 더 못해 보이기도 한다. 그렇다고 좌절하지는 않는다. 오히려

이런 신체적인 한계를 극복하기 위해서 표현력 같은 기술적인 테크닉에 더욱 신경을 쓰고 있다.

리듬체조 선수의 수명은 굉장히 짧다. 손연재 누나도 솔직히 선수생활이 얼마 남지 않았다고 생각하고 앞으로 할 일에 대해 고민을 하고 있다고 한다. 일단은 어렸을 적부터 항상 리듬체조를 해왔기 때문에 체조계에 남아서 후배들, 체조를 시작하는 꿈나무들에게 도움을 주고 싶다는 생각을 하고 있다. 누나가 벌써 후배 양성이라는 생각을 하고 있다는 말에 좀 어울리지 않는 것 같다고 느꼈지만 리듬체조의 현실이 그런 것 같다.

누나는 우리나라도 예전보다 리듬체조에 관심을 가지게 되어서 기량이 뛰어난 후배들이 많이 나타나고 있다면서 이 선수들이 잘 성장해

서 가까운 미래에 우리나라도 리듬체조 강국이 될 수 있는 순간이 오기를 기대한다고 한다.

"리듬체조는 겉으로만 보기에는 그저 아름답고 우아하지만 그 내면에는 많은 노력을 해야 하는 스포츠 종목입니다. 정말 열심히 끝까지 해봐야겠다는 생각으로 많은 후배들이 리듬체조를 시작하여 리듬체조 종목이 크게 성장할 수 있는 날이 꼭 왔으면 좋겠어요. 많이 관심 가져 주셔서 열심히 파이팅 하셨으면 좋겠어요."

중고등학생인 평범한 우리들에게도 앞서간 선배로서 노력과 열정을 강조한다.

"계속 말했지만 열정을 가지고 노력하면 원했던 목표에 도달할 수 있어요. 그 목표가 무엇이 되었든 쉽게 포기하지 말고 정말 끝까지 해보겠다는 생각으로 모든 것을 걸고 열심히 해보고 나중에 목표를 이뤘을 때 그 성취감을 꼭 느껴보셨으면 좋겠어요."

화려한 리듬체조 연기 뒤에 목표를 세우고 무서운 집중력으로 매진하는 손연재 누나! 그 근성과 노력을 보면 우리들 마음 속 깊이 긍정의 기운이 샘솟는다. 서로의 마음을 모아 우리 스스로에게 응원의 구호를 외쳐본다.

"우리도 할 수 있어. 파이팅!"

Interviewer. 권혁준, 김정현

리듬제초 선수 손연재

손연재의 멘토
발레리나 강수진

오늘에 최선을 다하는
성실과 끈기, 열정의 멘토

화려한 발레 공연 무대와는 달리, 강수진의 일상은 늘 단순했다. 연습으로 시작
해서 연습으로 끝나는 하루, 'Now or Never'라는 마음가짐으로 오늘에 최선을
다 하는 날들이 모여 지금의 강수진을 만들었다. 그녀의 자서전 제목 "나는 내
일을 기다리지 않는다"를 보면 현재에 집중하는 삶의 태도를 확연히 느낄 수 있
다. 자서전 속에서 그녀는 지금 당장 죽어도 후회되지 않는다고 단호히 말할 정
도로, 하루하루 늘 최선을 다해 살아왔다고 한다. 새벽을 열며 하루도 발레 연

습을 빼놓지 않는 성실함, 여기에 남다른 재능과 끈기, 열정이 더해지자 수많은 타이틀이 쏟아졌다. 중학교 1학년 남들보다 뒤늦게 발레를 시작한 강수진은 독일 슈투트가르트 발레단 최연소 입단, 스위스 로잔 콩쿨 1위 입상, 브누아 드 라 당스 최고 여성무용수 선정 등 다양한 기록을 세우고 또 갈아치웠다.

1995년 슈투트가르트 발레 공연에서 쟁쟁한 선배들을 제치고 오로라 공주로 캐스팅 되었을 때는 이미 월드스타로의 출발을 예고했다. 강수진은 공연 3주 전 캐스팅이 확정됐다는 사실이 무색하게 완벽한 공연을 펼쳤다. 이후 그녀는 성공가도를 달렸다.

하지만 강수진에게도 시련은 있었다. '지젤' 공연을 앞두고 정강이뼈에 금이 가는 부상을 입으면서 발레를 쉴 수밖에 없었다. 이때도 몸이 발레의 감각을 잊지 않도록 가능한 범위에서 연습을 지속했다. 당시 세상은 그녀의 은퇴를 예단했지만, 2001년 '로미오와 줄리엣' 공연으로 다시 무대에 서게 되면서 그것이 섣부른 판단이었음을 입증했다.

이후 강수진은 2002년 슈투트가르트 발레단 종신회원이 되었다. 2014년 국립발레단 단장이 되기 전까지 슈투트가르트 수석발레리나로 활동했으며, 지금도 현역 발레리나로 무대에서 관객을 만나 함께 호흡한다. 우리나라 발레의 산 역사로 자리매김한 강수진, 발레는 몰라도 강수진은 안다는 말이 있을 정도로, 그녀는 오늘도 삶에 최선을 다하는 귀감을 보이면서 수많은 사람들의 멘토가 되고 있다.

Text. 이랑

꿈 다섯

수없는 노력으로 이루어낸
세계 최고의 미드라이너

프로게이머 페이커 이상혁

+

이상혁의 멘토 코치 김남훈

정말 좋아하는 일로
세계 최고가 되다

세계가 인정하는 최고의 롤 플레이어

인기 온라인 게임 리그 오브 레전드(이하 LoL)*의 개발사 라이엇게임즈는 2015 LoL 월드 챔피언십(이하 롤드컵)에 출전한 프로게이머들 중 페이커 이상혁 형을 세계 최고의 선수로 선정했다. 라이엇게임즈는 공식홈페이지를 통해 "페이커는 누구나 인정하는 세계 최고의 롤 플레이어다. 지금만 최고인 게 아니라 전무후무한 최고다."라고 극찬했다.

이러한 선정에도 불구하고 상혁이 형은 "저는 아직 세계 최고의 플레이어는 아니라고 생각해요. 저와 비슷한 수준의 선수가 많아요. 하지만 연습을 열심히 한다면 분명히 최고가 될 수 있다고 생각합니다."라

리그 오브 레전드 : 승리를 쟁취하기 위해 독특한 전장과 지형에서 치열한 전략을 겨루는 MOBA(Multiplayer Online Battle Arena)게임. 독특한 능력과 특성을 가진 120여 개의 챔피언 캐릭터를 어떻게 선택하느냐에 따라 지속적인 재미와 다양한 전략 구사가 가능하도록 설계되어 있다.

며 겸손한 모습을 보인다.

형은 한국인 e스포츠 선수로는 최초로 미국 유명 스포츠 매거진 'ESPN' 메인을 장식하기도 했다. 'ESPN'과의 인터뷰에서 "저의 강점은 게임의 흐름을 읽고 언제 싸워야 할지 그리고 언제 싸우지 말아야 할지 아는 것이죠. 어떤 챔피언을 플레이하든 그 강점은 살아있습니다"고 자신 있게 말했다. 형은 특히 다양한 챔피언 활용으로 적의 기를 누르는 데에는 타의 추종을 불허한다. 과감한 딜 교환*, 예리한 킬 각* 등 압도적인 라인전을 통해 상대 미드라이너들을 압살하거나 불리한 게임을 뒤집는 플레이를 볼 때면 감탄이 절로 나온다. 거기다 게임이 기울어지거나 솔킬*이 따여서 심리적으로 흔들릴 때도 팀을 위한 플레이를 우선하는 강한 멘탈을 보유하고 있는 것도 장점으로 꼽히고 있다.

게임에 관심이 있는 우리들에게 최고의 우상인 상혁이 형은 국내는 물론 해외 유저들 사이에서 "죽일 수 없는 대마왕(Unkillable Demon King)" 또는 "신(God)"으로 통한다. 엄청난 반응 속도와 세심한 컨트롤 등 뛰어난 피지컬과 함께 순간적인 판단도 빠르다는 평을 받고 있다. 특히 해외에서의 높은 위상은 얼마 전 중국 팬들을 만나러 상하이를 방문했을 때 수많은 팬들이 공항에 마중 나온 모습만 봐도 알 수 있다. 중국에서는 '우리가 사랑하는 페이커'라는 뜻의 '워커'로 불리는데, 약간 수줍고 내성적인 이미지가 오히려 많은 팬들의 관심을 끌고 있다고 한다. 파리에서는 롤 올스타 2014에서 경기장 현지 팬들이 갑자기 입을 모아 생일축하 노래를 불러주는 등 국제적인 스타로 확실하게 자리매김했다는 것을 느끼게 해주었다. 상혁이 형은 "그때 영문을 몰라 좀 어리둥절했었어요."라면서 "저를 위한 생일축하 노래인지 알았다면 그 자리에서 감사의 뜻을 전했을 텐데..."라면서 아쉬워했다. 롤챔스 코리아 김동준 해설자는 "이상혁 선수는 전 세계를 판으로 놓고 봐도 전혀 부족함이 없는 최고의 그야말로 전설적인 선수 중 한명이다."라고 말한다. 게임방송을 볼 때면 상혁이 형이 나올 때마다 해설위원들이 게임을 중계하면서도 즐거워하는 분위기가 역력하다. 그만큼 플레이 능력과 함께 스타성과 화제성도 높게 평가받고 있다고 한다.

딜교환 : 주로 라인전(공격로 대치 단계)에서 상대 챔피언과 평타 및 스킬을 주고받는 행동을 뜻한다. 상대방의 스킬을 피하고, 나의 스킬을 적중시키고 미니언과 아이템, 각종 효과를 활용해 상대방의 체력을 자신이 입은 피해보다 더 많이 깎으면 게임을 유리하게 이끌 수 있다. ('damage dealing'과 'trade'에서 유래한 표현)
킬각 : 1대1이나 다대다 전투에서 자신 혹은 아군이 가지고 있는 기술 연계를 통해 상대방 챔피언(캐릭터)을 죽일 수 있는 상황을 의미한다.
솔킬 : 아군의 개입이나 도움 없이 1:1 싸움에서 상대방 챔피언(캐릭터)을 죽이는 것을 의미한다.

프로게이머 페이커 이상혁

메이플스토리로 게임에 입문하다

페이커 상혁이 형의 어린 시절은 어떤 모습이었을까? 평범한 우리들처럼 공부와 게임 사이에서 힘들진 않았을까? 먼저 어린 시절을 들여다보면, 말수가 적은 매우 조용한 아이였다고 한다. 어머니 대신 할머니와 함께 살았는데 어찌나 말수가 적은지 사람들이 말을 못하는 아이라고 생각할 정도였다. 어린 나이에도 꼭 필요한 말만 하다 보니 속내가 무엇인지 주변에서 잘 알 수가 없었다고 한다. 아버지는 "상혁이는 스스로 찾아서 배우는 아이였어요. 루빅스 큐브를 빨리 맞추고 외국어를 배우기 위해 외국어 책을 찾아 읽기도 했어요. 이야기를 해보면 생각보다 조숙해서 놀라곤 했지요."라면서 형의 어린 시절을 회

상한다.

조용한 성격의 형에게 가장 재미있던 것이 바로 게임이었다. 게임을 처음 접한 것은 8살 때였는데 친구와 함께 메이플스토리를 하면서 흥미를 붙이기 시작했다. 그 후로 게임에 푹 빠지게 되었는데 특히 워크래프트 유즈맵을 즐겨 했고 카오스란 게임을 할 때부터는 모든 캐릭터를 다 해본 덕분에 LoL 역시 어떤 챔피언을 잡더라도 자신이 있었다고 한다.

"두 살 아래 남동생이 있는데 어릴 때 제가 게임 하느라고 컴퓨터를 독차지하는 바람에 동생은 게임을 별로 못했어요. 어쩌다 게임을 하면 맘대로 안 되니까 분통을 터뜨려 아버지께 야단을 맞은 적도 있었죠. 지금은 친구들이 제 사인을 받아달라고 하는 경우가 많아서 스트레스 좀 받나 봐요."

어린 시절부터 게임을 많이 하긴 했지만 그렇다고 공부를 게을리 하지는 않았다. 특히 수학을 좋아해서 지식인에 올라오는 수학 질문에 답변을 해주기도 했다. 다른 프로게이머들 대부분이 약한 멘탈 문제와 과거의 욕설, 트롤링 등의 잊고 싶은 과거로 고통 받는 것과 비교하면 가수 아이유를 좋아하고 수학을 잘 하던 평범하고 순수한 학생이었다.

프로로 데뷔하기 전부터 '고전파'라는 아이디로 유명세를 날렸으며 아마추어 시절부터 다른 사람이 하지 않는 자신만의 창조적인 플레이로 두각을 나타냈다. 많은 친구들이 게임을 하지만 누구나 게임 고수가

되지는 않는다. LoL 팬들은 이상혁 형을 가리켜 '손가락부터 다르다'고
한다. 뭔가 천부적인 재능을 타고난 것일까?

"재능이요? 아뇨. 그저 LoL에 대해 생각을 많이 하고 수없는 노력이
만든 실력이죠. 물론 노력한다는 것이 단순히 게임을 많이만 한다는
의미는 아니에요. 어떻게 해야 할지 생각하면서 게임을 하니까 실력이
빨리 느는 것 같아요."

일반게임 500승, 랭크게임 1위를 달성한 뒤 프로게이머로 스카웃

평범한 학생으로 공부하면서 게임을 즐기던 형의 인생은 한국에 LoL
이 서비스를 시작하면서부터 달라진다. 어떻게 하면 LoL 게임에서 이
길 수 있을지 끊임없이 연구했는데, 일반게임 500승을 달성한 뒤 점

수가 너무 높아지면서 큐가 늦게 잡히자 랭크게임을 시작한다. 학업 때문에 게임을 많이 하지는 못했지만 랭크게임도 1위를 달성하면서 프로게이머라는 직업에 대해 진지하게 고민하게 되었다고 한다.

이왕 하는 거 프로게이머가 되고픈 꿈을 꾸면서 2012년 17살에 프로 지향 아마추어 팀을 결성하고 러너리그에서 우승을 한다. 그 뒤 얼마 안가 팀은 해체되었지만 여러 프로팀에서 스카웃 제의가 들어왔고 마침내 SKT T1 2팀의 입단 제안을 수락하면서 본격적인 프로게이머의 길로 들어서게 된다.

이때 인생을 살면서 쉽게 경험해보지 못할 일이니 한 번 잘 해보자 라고 마음먹고 결국 고등학교를 자퇴한다. 당시 아버지의 걱정이 컸지만 담임선생님이 형 정도면 나중에 검정고시 합격으로 얼마든지 대학 입학 자격을 얻을 수 있을 것이라며 설득했다고 한다. 하지만 후에 형은 이때의 일을 두고두고 아쉽게 생각한다.

"이현우 해설위원처럼 대학교에 입학하고 프로게이머가 되는 것이 더 좋은 거 같아요. 공부를 통해 자신을 발전시키는 것이 좋아 보이고 똑똑한 사람을 보면 부러워요."

처음 SKT T1에 입단했을 때는 낯을 많이 가려 감독과 코치를 불안하게 하기도 했다. 형도 잘 지낼 수 있을지 속으로 마음을 놓지 못했다고 한다.

"성격이 내성적이라 프로게이머가 되어서 팀원들과 잘 어울릴 수 있을지 걱정이 좀 되더라고요. 그런데 막상 프로게이머가 되고서는 제 자신에 대한 자신감이 많이 생겼고 주변에서 많이 밝아졌다고 해서 기분 좋아요."

당시 김정균코치도 "처음 만났을 때는 눈도 못 마주칠 정도로 수줍어하고 표정도 어두웠는데 지나면서 점점 밝아지는 모습이 신기할 정도였다"면서 시간이 지나면서 달라지는 모습에 믿음이 갔다고 한다.

2013, 2015 롤드컵 우승한 세계 최고의 미드라이너

프로게이머가 되면 거의 모든 일정이 게임 연습으로 이루어지며 아주 빡빡한 일정을 소화해야 한다. 상혁이 형도 마찬가지다.

"프로게이머들은 특히 승부욕이 많아요. 그래서 연습을 정말 많이 하죠. 하루 일과는 밥 먹고 잠자는 시간 외에는 거의 연습에 몰두해요. 오전 11시쯤부터 오후 4시까지 연습하고, 밥 먹고, 7시부터 다시 연습 시작하면 대개 11시쯤 일과가 끝나요. 그 이후부터는 자율 연습인데 모든 팀원들이 새벽까지 연습하곤 해요. 이런 생활이 힘들어 보일 수도 있지만 스스로 정말 좋아서 선택한 일이라서 그런지 일정을 소화하는 데 크게 힘들지는 않아요."

프로게이머로서 가장 중요한 것은 연습량이라고 많이 말하는데, 물론 연습량도 중요하지만 같은 시간을 연습하더라도 스스로를 얼마만큼 발전시킬 수 있느냐가 굉장히 중요하다고 한다. 그렇기에 연습할 때

2013 롤드컵 우승을 달성한 뒤 기쁨을 함께 나누는 SKT T1 팀원들.

스스로 게임을 피드백하면서 어떤 점을 고쳐야 할지, 다음에는 어떻게 할지를 생각해야 더 많이 발전할 수 있다. 정해진 팀 연습이 끝난 후에 개인 연습을 하더라도 마찬가지로 스스로 피드백을 한다. 그렇게 연습하는 것이 도움이 많이 된다고 생각하기 때문이다.

이상혁 형이 입단한 SKT T1은 상위 랭커로 구성된 팀원이었지만 인지도 있는 프로팀에서는 다소 생소했던 선수들이기에 그들이 어떤 전설을 만들지는 아무도 몰랐다. 데뷔 한 뒤 2013 롤스타전 전까지 깜짝 놀랄만한 슈퍼 플레이로 각광받긴 했지만 상혁이 형이 최고의 플레이어로 지지를 받지는 못했다. 본격적으로 형의 기량이 널리 인정받게 된 것은 2013 롤 챔스 섬머부터다. 스프링 시즌에 3:1로 졌던 상대를 꺾고 결승에 진출하게 된 것이다.

상혁이 형은 이때를 가장 기억에 남는 기쁜 순간으로 꼽으면서 "지난 시즌에 졌던 상대를 꺾고 결승전에 진출하게 되던 순간 팀원들과 함

께 환호하며 기쁨을 나누었어요. 그때의 감동이 가장 오래도록 남을 거 같아요."라고 회고한다. 결국 결승에 올라가 다양한 챔피언으로 전부 승리하는 등 뛰어난 활약으로 2013 롤드컵 우승을 달성하게 된다. 이때부터 형은 슈퍼플레이는 물론 기복 없는 최상급 미드 플레이어로 평가받고 있다. 국내외 어느 누구도 이의를 제기하지 않는 세계 최고의 미드 라이너*로 우뚝 서게 된 것이다.

사람들에게 최고의 플레이어로 기억되고 싶다

2013년은 최고의 전성기였지만 2014년에는 계속되는 패배로 여론이 악화되기도 했다. '갓전파', '세체미'로 불리며 칭송받았었지만 경기에서 연달아 패배하며 체면을 구기고 일부 악플러들의 공격을 받기도 했다. 이에 대해 이상혁 형은 "프로게이머로 활동하다 보면 다른 선수들이랑 많이 비교되면서 악플이 달리기도 하는데 저는 댓글이나 커뮤니티의 반응에 그렇게 많이 신경 쓰지는 않아요. 지금 당장 상황이 안 좋다고 앞날에 대해 걱정하지는 않아요."라며 의연하고 담담한 모습을 보인다.

악화된 여론과 함께 2013년 최고의 전성기를 같이 했던 팀원들이 해외 팀으로 떠나면서 많이 힘들지는 않았을까? 그런 상황에서 중국 팀에서 거액을 제시하며 이적을 제의 했지만 모두들 형이 떠날 것이라는

미드라이너 : 경기가 펼쳐지는 '소환사의 협곡'이라는 맵에는 상단 공격로를 뜻하는 탑(TOP), 중단 공격로를 뜻하는 미드(MID), 하단 공격로를 뜻하는 봇(BOTtom) 등 3가지 공격로가 있고 중립지역을 뜻하는 정글(Jungle)로 구성돼 있다. 주로 봇을 제외한 2가지 공격로는 대개 각각 하나의 챔피언(캐릭터)이 담당하는데 이 중 중단 공격로 챔피언을 담당하는 사람 혹은 선수를 '미드라이너'라고 부른다.

예상을 뒤엎고 한국에 남았다. 왜 한국에 남았을까?

"많은 선수들이 해외로 떠나면서 어려운 결정이었다고들 말해요. 저도 해외로 나가는 것이 좋은 경험이라고 생각은 하지만, 개인적으로 한국에 머물면서 월드 챔피언십에서 다시 우승하고 싶어요."

지난 시즌에 성적이 너무 안 좋아서 다음에 좀 더 잘하고 싶고 사람들에게 최고의 플레이어로 기억되고 싶었다고 한다. 앞으로 더 잘 할 수 있다는 자신감을 가지고 한 가지 일에 집중해서 무언가를 이뤄내는 좋은 모습을 꼭 보여주고 싶다고 했던 형은 얼마가지 않아 그 꿈을 이루었다. 독일 베를린 메르세데스 벤츠 아레나에서 열린 2015 롤드컵 결승에서 3 : 1로 쿠 타이거즈를 꺾고 우승을 한 것이다. 이로써 사상

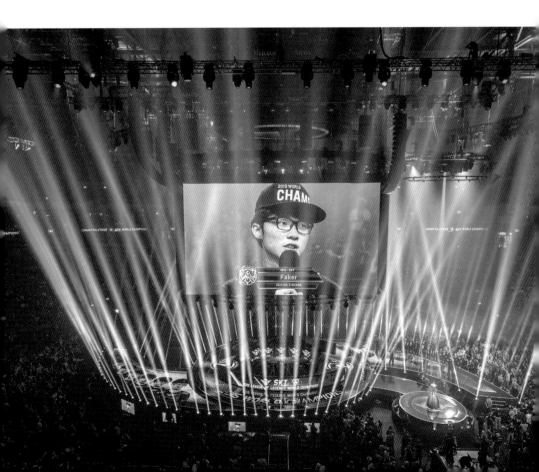

첫 2회 롤드컵 우승을 거머쥐었으며 세계 최강의 미드 라이너임을 다시 한 번 보여줬다.

승부욕과 긴장도 높은 프로게이머의 세계

프로게이머로서 특별히 따라하고 싶은 롤모델이 있는지 궁금했다. 지금은 특별히 멘토가 없지만 처음 LoL 게임을 시작했을 때 김남훈 선수에게 동기부여를 크게 받았다고 한다.

"훈(김남훈) 선수가 롤모델이어서 라이즈 플레이*를 따라 하곤 했어요. 훈 선수는 LoL의 캐릭터인 라이즈를 정말 잘 다루었는데 그 모습을 보면서 '나도 저 선수처럼 잘 하고 싶다' 는 생각을 했고 그래서 더 LoL에 빠져들 수 있었던 것 같아요."

그렇게 동기부여를 받은 뒤 프로게이머로 지내면서 누군가를 롤모델로 따라하는 것보다는 자기 스스로 연구하고 발전하면서 자신과의 싸움을 하는 것이 더 좋다고 생각하게 되었다.

프로게이머로서 최고를 달리지만 자신의 플레이에 만족을 못하는 경우도 종종 있다. 게임을 하다가 우리들처럼 '멘붕(멘탈 붕괴)'을 겪는다. 가끔 '멘붕'한 상태에서 다른 팀원을 탓하는 말을 던지고 나면 후회스럽다고 한다. 최고의 팀원들과 같이 해서 많이 이기니 '멘붕'할 일이 거의 없지만, 잘하는 만큼 지면 충격이 더 크고 압박감도 크다.

라이즈 플레이 : LoL에서 플레이할 수 있는 126개 챔피언 중 LoL을 대표하는 챔피언 중 하나가 바로 '라이즈'이며 폭발적인 마법 데미지 스킬 연계로 유명하다.

"경기에 패배할 때마다 매번 정말 힘들어요. 크고 작은 경기에 상관없이 지는 것 자체가 너무 힘든 거 같아요."

그렇게 지는 것이 싫어서 더 열심히 노력한다고 한다.

"이 일은 외부로부터 오는 압박감이 커요. 그럴 때는 스스로 조절해서 그 어떤 일이라도 마음에 담아두지 않으려고 노력하니 한결 낫더라고요. 힘든 일을 마음에 담아두면 더 신경 쓰이고 스트레스를 받는 것 같아요."

경기에 패배했을 때는 앞으로도 더 많은 힘든 일이 있을 것을 알기 때문에 좌절하지 않고 다음 일을 생각하려고 노력하는데 그러면서 점점 발전할 수 있다고 생각한다.

프로게이머가 되고 싶은 후배들에게

프로게이머들의 나이는 상당히 어린 편이다. 나이와 실력이 관계가 있는 것일까? 이상혁 형은 아니라고 대답한다. 나이를 먹는다고 게임을 못하는 것이 아니라 나이가 어릴수록 게임을 하는 인구도 많기 때문에 잘 하는 사람이 많이 나온다는 것이다. 나이 어린 선수 중에서 실력 있는 선수도 많지만 못하는 선수도 많다. 연령층이 높아질수록 게임을 하는 인구 자체가 적으니까 잘하는 사람도 그만큼 드물다고 한다. 그렇기 때문에 일찌감치 프로게이머가 되고 싶은 후배들에게 꼭

프로게이머 페이커 이상혁

하고 싶은 말이 있다.

"제가 프로게이머가 되고 나서 아쉬운 게 하나 있다면 고등학교를 제대로 졸업하지 못한 것이에요. 고등학교 2학년 때 자퇴하면서 졸업장을 못 땄는데, 사실 졸업장이 아쉬운 게 아니라 공부를 못해서 남들보다 지식이 적은 것이 아쉬워요. 그리고 친구도 많이 못 사귄 것 같고요."

프로게이머에게 공부가 그리 중요한 것은 아니지만 학업을 잘 마치고 프로게이머가 된 선수들을 보면 정말 부럽다고 하면서 프로게이머가 되고 싶은 후배들에게 이렇게 당부한다.

"공부를 하다 보면 정말 게임을 하고 싶고, 또 게임을 하다 보면 프로게이머들이 대단해 보이고 프로게이머가 되고도 싶겠지만 저는 공부를 먼저 하고 그 다음에 프로게이머가 되라고 하고 싶네요. 저를 부러워하는 친구들도 있겠지만, 공부해서 자기를 발전시키는 것도 좋은 것 같아요. 친구들이 계속 공부하는 걸 보면 부럽더라고요. 물론 선택은 자유지만 제 경험으로는 그래요."

또 한 가지 중요한 것은 정말 프로게이머가 되고 싶은가를 자신에게 물어보고 선택해야 한다는 것이다. 요즘에 LoL을 비롯한 게임 자체가 10대의 관심을 강하게 끌고 있지만 그렇다고 무턱대고 게임 좀 좋아한다고 프로게이머의 길로 나선다면 나중에 프로게이머가 되어서 정말 힘든 일이 있을 때 견뎌내기 어렵다고 한다.

아직 꿈이 없는 청소년들에게 꿈이 없다고 자책하지 말라는 말도 덧

붙인다. 꿈을 꼭 중고등학생 때 정해야 하는 것은 아니라면서 조금 더 기다려 보는 것도 괜찮다고 한다.

"일찍 꿈이 정해지면 좋겠지만 꿈을 늦게 정하더라도 자신이 정말 좋아하고 잘하는 일을 했으면 좋겠어요. 자신이 정말 게임을 잘하는가도 천천히 알아 가면 돼요. 꼭 프로게이머가 되고 싶다면 저처럼 먼저 랭킹 순위권에는 들어야 될 거에요. 경쟁률이 매우 치열한 직업이기 때문에 더욱 자신을 잘 파악해야 해요. 여러분! 자신에게 잘 맞는 꿈을 꼭 찾길 바랍니다!"

Interviewer. 권혁준, 김정현

프로게이머 페이커 이상혁

이상혁의 멘토
코치 김남훈

짧지만 깊은 인상 남긴
스타 프로게이머

프로게이머의 세계는 그 어떤 스포츠보다 경쟁이 치열하다. 게임이 좋아 도전하는 친구들이 많지만, 게임을 직업으로 삼기란 쉬운 일이 아니다. 게다가 20대 중반이 되기 전에 이미 선수생활을 마감하는 경우가 많기 때문에 종종 30~40대까지 선수생활이 가능한 다른 스포츠 종목과 비교해도 선수 생명이 매우 짧은 편이다. 이런 정글 같은 세계에서 자신의 이름을 떨친다는 것, 그리고 누군가의 멘토가 된다는 건 보통 이상의 의미를 갖는다. 실제 게임에서처럼 수많은 게이머들이 달려들고, 생존을 위해 치열하게 싸우고, 승자와 패자가 분명하게 갈리는 한판 승부에서 이름 없이 사라지는 게이머들이 너무나도 많기 때문이다. 더욱이 프로게이머란 직업의 역사는 그리 길지 않다. 그렇기 때문에 짧고 치열한 세계에서 누군가의 존경을 받는 멘토가 된 이는 특별한 대상으로 기억되곤 한다.

이상혁 선수에게 게임을 잘 하고 싶은 동기를 불어 넣어준 김남훈 코치도 짧지만 특이한 이력을 남긴 선수였다. 그는 LoL(League of Legend) e스포츠가 한국에 정착하기 전부터 클랜에서 활약하며 이름을 떨쳤다. 그리고 2012년 나진 e엠파이어의 미드라이너로 입단해 스타플레이어로 주목을 받으며 프로 생활을 시작했다. 하지만 절정에 오른 실력은 오래 가지 않았다. 그래도 그는 구단을 옮기며 계속해서 기량을 키워갔다. 약 2년 정도였던 그의 프로 생활은 꽤나 짧게 끝이 났다. 김남훈은 2014년 1월 진에어 스텔스 소속 미드라이너를 끝으로 은퇴를 선언하게 된다. 그리고 현재는 중국의 WE 코치로 활동하고 있다. 그는 현역 선수로서의 경험을 무기로 선수들의 외적인 부분까지도 섬세하게 챙기는 코치로 거듭나고 있다. 비록 선수 생활은 짧았지만 게임계에서 강한 인상을 남기고 있는 것이다. 김남훈은 생명력이 짧은 프로게이머의 세계에서 유망한 커리어를 개척하는 선배가 되고 있다. 이런 그의 모습이 후배 선수들에게 좋은 본보기가 될 것으로 기대를 모으고 있다.

Text. 이랑

꿈 여섯

한복을 지독히 사랑한
패션계의 거장

한복 디자이너 이영희

+

이영희의 멘토 민속복식박물관 관장 석주선

한복으로
세계에 우리 문화를 알리다

무엇을 시작하기에 늦은 나이란 없다

초등학교 시절, 일 년에 한 번씩 예절의 날이 돌아오면 어머니는 고운 한복을 입혀주셨다. 학교에서 친구들과 함께 한복 입는 법을 배우고 예절교육을 받는 날이었는데 신기하게 그날이 되면 몸가짐이 달라지곤 했던 기억이 난다. 인터뷰 준비를 통해 한복이야말로 조상의 얼이 담겨있는 아름다운 우리의 문화라는 것을 알게 되면서 어린 시절 왜 그런 기분이 들었는지 이제야 알 것 같다.

우리 옷, 한복으로 아름다운 우리 문화를 세계에 널리 알린 분이 계신다. 이름 석 자만 떠올려도 든든한 한복패션계의 거장 이영희 선생님! 수시로 변하는 압구정동의 트렌디한 거리에 한복이라는 이름으로 당당하게 한자리 차지하고 있는 선생님의 작업실을 찾았다. 우리를 따듯한 미소로 맞아준 선생님은 요즘 아이들이 무슨 한복을 알겠냐며 대뜸 한복패션쇼 영상부터 보여주신다. 태어나서 처음 보는 한복패션쇼는 한복을 잘 모르는 우리가 보기에도 굉장히 멋졌다. 결혼식 때 입는 활옷, 궁중 한복 등 전통 한복부터 창의적인 아이디어를 접목시킨 현대적인 드레스까지 다양한 한복을 구경하느라 혼이 빠질 지경이었다.

패션쇼 장면이 바뀔 때마다 친절하게 설명하는 선생님 얼굴에 살며시 행복한 미소가 번진다.

"우리 한복 참 멋지지요? 그동안은 어머니의 야무진 손끝만 물려받았다고 생각했는데 패션쇼를 이렇게 좋아하는 걸 보면 아버지의 흥과 끼도 쏙 빼닮았나 봐요."라면서 솜씨 좋은 어머니, 멋과 풍류를 아는 아버지와 함께 대구에서 보냈던 어린 시절 이야기를 풀어놓는다.

그때는 일제 치하로 모두가 어려운 시절이었다. 일본인 변호사에 대한 울분으로 판사직을 그만둔 아버지는 평생을 한량으로 떠돌았고 어머니가 생활을 꾸려갔다고 한다. 아버지는 훤칠한 키에 옷맵시가 뛰어났는데 거기에는 어머니의 솜씨와 정성이 숨어 있었다.

"어머니가 직접 옷감을 짜고, 마당에 주렁주렁 달린 포도나 제사용으로 쓰던 감, 밤 등 구하기 쉬운 자연 재료로 곱게 염색해서 정성껏 식구들 옷을 해주셨어요. 그때 보고 배운 것이 내 인생의 큰 밑천이 되었지요. 내가 나중에 한복을 하게 된 것도 아마 이런 토양에서 자랐기 때문일 거예요."

한복 디자이너 이영희

전쟁을 두 번이나 겪은 세대로서 초등학교 2학년 때까지 일제 시대였던 선생님은 "지금 생각해보면 치욕의 세월이었지만 그때는 아무것도 몰랐지요."라면서 학교에서는 우리말을 못하게 하고 집에 가면 부모님이 절대로 일본어를 못하게 했던 기억이 아직까지 생생하다고 한다.
그렇게 혼란스럽고 어렵던 시절, 아이들은 어떤 꿈을 꾸었을까? 궁금했다.

"여러분처럼 꿈에 대해 생각해볼 겨를이 없었어요. 제대로 읽을 만한 책 한 권 구하기도 어려운 시절이었고, 그저 부모님 시키는 대로 공부 열심히 하고 좋은 학교에 진학하는 것이 전부였지요. 여러분과 비교할 수 없을 만큼 불우했지만 그래도 각자 노력해서 훌륭하게 된 사람이 많아요."

선생님은 열심히 공부해서 월반도 하고 당시 우등생이 들어가는 경북여중과 여고에 진학했지만 여고 졸업 후 대학진학을 미루고 결혼을 했다. 그리고 전업주부로 아이를 낳고 살림 하는 재미에 푹 빠져 지냈다. 그러다 우연히 일할 기회가 찾아왔다. 아이들 과외비라도 보태려고 사촌언니가 만든 명주솜 파는 일을 시작했는데, 장사가 잘 되어서 재미가 쏠쏠했다. 그때 뉴똥으로 이불 커버를 만들고 나면 자투리가 많이 남았다. 이불을 만들기에는 모자란 크기이고 버리기에는 아까워서 한복을 지어 입었다. 어린 시절, 어머니의 염색하는 모습을 곁에서 늘 보고 자랐던 선생님은 짙푸른 잉크색으로 직접 염색을 해서 하얀 저고리에 받쳐 입었는데, 똑 떨어지는 색이 눈에 확 띄었다. 당시 뉴똥 한복이 흔한 시절이었지만 선생님이 염색한 잉크색은 다른 곳에서는 볼 수 없는 특별한 빛깔이었다. 선생님이 입은 옷을 본 손님들은 그 빛깔과 자태에 반해서 자기들도 옷을 해달라며 저마다 부탁을 해왔고 점점 주문이 밀려들었다. 그러다 보니 어느덧 '이영희 한국의상'을 오픈하게 되었고 그때가 나이 마흔이었다.

"마흔에 시작했으니 한복과 인연을 맺은 지 올해로 어언 40년이 되었네요. 그간 참 쉼 없이 즐겁게 일했지요. 무엇을 시작하기에 늦은 나이란 없어요. 늦은 마음이 있을 뿐이지요."

선생님은 여든이라는 말이 무색할 정도로 건강하고 곱다. 평생 자기 관리를 잘 해온 결과일 것이다. 몸이 늙어가는 것은 틀림없지만 하고 싶은 일에 대한 상상력과 의욕은 늙지 않는다고 한다. 오히려 나이 든다는 것은 경험이 쌓인다는 것의 다른 말로 받아들이고 있다.

일생의 멘토 석주선 선생님을 만나다

한복을 짓기 시작한 지 얼마 지나지 않아 컬러 티비가 나왔고 우리나라가 올림픽주최국으로 선정되었다. 그때 우리 전통문화를 바로 알자는 운동이 일어나면서 한복에도 붐이 일었다. 어디든지 한복을 입고 가는 분위기가 만들어졌고 덕분에 선생님 한복도 불타나게 팔렸다. 한복디자이너로 출발한 시기가 시대와 절묘하게 맞아 떨어진 것이다.

한복 디자이너 이영희

운이 좋았다.

"그때서야 처음으로 내 꿈이 생겼어요. 한복을 너무 사랑하다보니 이렇게 좋은 우리 한복을 우리나라뿐 아니라 세계인에게 널리 자랑하고 입히고 싶어지는 거예요. 그런 꿈을 가지니 한복에 대해 더욱 공부하게 되고 일에 대한 열정도 샘솟았지요."

막상 일을 본격적으로 시작하니 체계적인 공부가 필요하다는 생각이 들었다고 한다. 이런 저런 걱정으로 어느 날, 석주선 기념 민속박물관을 찾았다. 그곳은 석주선 박사님이 평생 모은 유물을 전시한 곳으로 우리나라의 민속 복식문화를 한눈에 볼 수 있는 곳이다. 박물관을 들어서자마자 빛바랜 초록 저고리에 먹자주색 고름 깃을 달고 홍화색 치마를 입은 기녀 옷이 눈에 띄었다. 당시 선생님이 찾아서 헤매던 색을 거기서 발견하고 정말 기뻤다고 한다. 석주선 박사님은 한복에 대해 깊이 고민하는 이영희 선생님을 제자로 기꺼이 받아주었다. 박사님은 무엇을 어떻게 만들라는 식의 직접적인 가르침보다는 젊은 시절부터 사 모은 한복에 대한 이야기를 많이 들려주었다. 그 말씀을 듣노라면 자연스레 한복을 아끼고 귀중하게 여기는 마음, 우리 것을 사랑하는 마음이 들었다. 그렇게 석주선 박사님은 든든한 버팀목 같은 멘토가 되어 주었다.

2013년 파리 오트쿠튀르 무대에서 선보인 현대적인 감각의 한복들.

한복의 제 이름을 찾아주다

이영희 선생님은 파리에서 12년 동안 무려 스물네 번의 패션쇼를 열었다. 패션의 본고장 파리에서 욕심껏 한복을 보여주고 인정받고 싶어서였다. 우리 문화를 널리 알리는 것으로 나라에 봉사하고자 하는 마음 그것이 늘 선생님의 열정을 불태우게 했다고 한다.

"1993년, 파리 프레타포르테 쇼에서 처음 한복을 소개했을 때 외국 기자들이 한복을 '기모노코레'(한국의 기모노)라고 부르더군요. 나는 너무나 분개하여 반드시 '한복'이라는 제 이름을 찾아주기로 나 자신과 굳은 약속을 했지요."

그리고 1년 만에 자신과의 약속을 지키겠다는 일념으로 파리 오랑주리에서 한복 전시회를 열었다. 한복뿐만 아니라 항아리 등 우리의 전통을 알릴 수 있는 소품들을 컨테이너로 하나 가득 보낼 정도로 열

과 성을 다했다. 또한, 파리의 기자들을 서울로 초빙해서 한국의 전통
문화를 알리는 데도 앞장섰다. 그렇게 파리에 진출하느라 가지고 있던
부동산까지 아낌없이 처분했다고 한다. 오늘날 세계 속에서 우리 옷이
기모노코레가 아닌 한복이라는 이름으로 당당히 인정받을 수 있는 데
는 선생님의 이러한 노력이 큰 몫을 했으리라.

생애 최고의 옷 '바람의 옷'

이영희 선생님의 한복은 어찌 보면 한류의 원조라고도 할 수 있겠다.
파리에서 패션쇼를 처음 연 뒤 이듬해인 1994년 과감히 저고리를 벗

1994년 파리 컬렉션에서 처음 선보인 저고리 없는 한복치마, 바람의 옷. 모던하지만 한국적이며,
한복 고유의 아름다움을 변화무쌍하고 무궁무진하게 보여주는 옷이라는 호평을 받았다.

기고 치마만으로 패션쇼를 했는데 당시 '르몽드' 수석 기자 로랑스 베나임은 이 옷을 일컬어 '바람을 담아낸 듯 자유와 기품을 한 데 모은 옷'이라 평하면서 '바람의 옷'이라 불렀다. 선생님은 그동안 디자인한 수많은 옷 중에서 아직까지도 '바람의 옷'을 최고로 꼽는다. 그때 어떻게 한복에서 저고리를 벗길 생각을 했느냐는 질문을 많이 받았다고 한다.

"서양의 드레스가 어깨를 드러내듯이 한복도 파리에 가니까 자연스럽게 저고리를 벗길 수 있었어요."

우리나라에서는 국적 없는 옷이라는 안 좋은 소리가 들리기도 했다. 내심 긴장하고 있을 때 석주선 박사님이 "옷은 시대에 맞아야 된다. 한복이라고 언제까지 가슴 꽁꽁 싸매고 있으면 되겠느냐"면서 당신이 못한 일을 대신 해냈다고 칭찬해주었다. 그 말씀 덕분으로 용기를 얻었고 그 이후로 한복을 마음껏 현대적으로 디자인 할 수 있었다고 한다.

패션쇼 후 파리에서 한복은 아름다운 옷으로 인기를 끌었다. 동양의 샤넬이 되고 싶었던 선생님의 꿈이 이루어지는가 싶었다. 그러나 아이엠에프를 겪으면서 바이어가 발길을 끊는 시련을 맛보았다. 나라의 힘이 절실하게 느껴지는 대목이다. 그래도 한복의 세계화에 대한 선생님의 열정은 계속 이어졌다.

"2000년 뉴욕카네기홀에서 패션공연을 했어요. 전통춤과 한복이 어우러진 작업이었는데 너무 힘들었지요. 대관료가 비싸서 제대로 된 리허설 한 번 해보기가 힘들었지만 공연이 시작되니 2800석이 꽉 차고

암표가 성행할 정도였어요."

2004년에는 사재를 털어 뉴욕 맨하튼에 한복박물관을 개장했고, 2007년엔 워싱턴 스미소니언 박물관에 한복 12벌을 영구 전시하게 되었다. 2010년엔 한복 최초로 파리 오트쿠튀르 무대에 올라 갈채를 받았다.

이영희 선생님은 패션쇼를 많이 하기로 유명하다. 지금까지 500회 정도 패션쇼를 했는데 한 번 할 때마다 한복 100여 벌에 신발과 액세서리까지 다 바꿔야 하니 패션쇼 한 번 하려면 여간 힘든 작업이 아니다. 아직까지 패션쇼에 실수가 없도록 무대 뒤를 지키는데, 쇼 진행에 너무 열중한 나머지 다리를 다치고도 다친 줄 모른 적도 있었다. 그래도 패션쇼 할 때가 제일 신명나고 뿌듯하다고 한다.

"나는 죽기 하루 전까지 쇼를 하고 싶어요. 그만큼 쇼는 내게 큰 의미지요. 쇼는 아! 이영희가 살아있구나 하는 증거이기도 하고, 디자이너로서 계속 발전하고 있음을 보여주는 무대입니다."

부시 대통령과 힐러리도 좋아한 이영희 한복

선생님은 사람들이 선생님 옷을 입고 기뻐할 때 가장 행복하다. 그중에서도 세계 정상들에게 두루마기를 입혔을 때 받았던 벅찬 감동을 잊을 수 없다고 한다.

2005년 APEC 정상회담 때, 정부에서 각 국 정상들에게 입힐 한복을 디자인 해달라는 의뢰를 받았다. 정상들이 입을 한복의상으로 어떤 형태가 좋겠냐는 질문에 선생님은 선뜻 두루마기를 제안했다. 두루마기는 남녀구분 할 것 없이 두루 어울리며 양복 위에 입어도 멋이 있다. 그 옛날 멋쟁이 아버지가 즐겨 입으시던 두루마기에 대한 추억 때문인지 선생님은 지금도 두루마기를 가장 품격 있는 옷으로 꼽는다. 옷감부터 문양, 색상, 디자인까지 아주 세심하게 신경을 쓰고, 21명의 정상들에게 두루마기를 입힐 도우미들의 한복까지 차분한 톤으로 조화를 이룰 수 있게 준비했다.

드디어 APEC정상들이 두루마기를 선보일 시간이 다가왔다. 한 사람 한 사람 두루마기를 갖춰 입고 행사장으로 나오는 모습이 참 아름다웠다. 무엇보다 벅찬 순간은 바닷가 소나무 앞에서 세계 정상들이 우리 두루마기를 입고 기념사진을 찍을 때였다. 해운대의 아름다운 자연과 일곱 빛깔의 두루마기를 입은 각국 정상들의 자태가 너무 잘 어울려서 눈물이 날 정도였다. 색깔의 마술사라고 불릴 정도로 색채감각이 뛰어난 선생님은 평소에 자연의 색을 많이 활용하는데 이때도 회담이 열리는 부산의 해운대 누리마루를 미리 답사해서 그곳의 색깔을 따왔다고 한다. 바다, 하늘, 소나무, 황토 등 자연의 색으로 옷을 지으니 당연히 자연과 잘 어울릴 수밖에 없었다. 여기에 두루마기의 편안하고 따뜻한 착용감은 정상들의 찬사로 이어졌다. 그중에서도 부시 대통령은 엄지손가락을 추켜들며 특히 좋아했다고 한다.

한복 디자이너 이영희

"부시 대통령이 처음에는 무슨 사연이 있는지 한국 전통 의상을 입지 않겠다고 했어요. 사이즈도 제일 늦게 오고, 마지막까지 애를 태웠지요. 그런데 우리 한복을 막상 입어보니 너무 가볍고 아름답다며 직접 저를 찾아와 계속 고맙다고 인사를 하더군요."

지금도 선생님 작업실에는 그때의 기념사진이 걸려있다. 그 사진을 보면 이렇게 좋은 세상이 오는 것을 보지 못하고 이른 나이에 돌아가신 아버지가 생각난다고 한다. 아마 살아계셨더라면 각국 정상들에게 한복을 입히는 선생님을 무척 자랑스러워 하셨을 것이다.

선생님은 힐러리 여사의 초대를 받기도 했다.

"선물로 준비해간 우리 한복이 너무 아름답다며 좋아했어요. 그 후에 한국에 왔을 때도 다시 만났고 뉴욕의 이영희 박물관도 2번이나 방문하여 응원해줬어요. 한복을 통해서 알게 된 감사한 인연이지요."

어떻게 이렇게 대단한 일들을 다 해낼 수 있었을까? 선생님의 대답은 간단했다.

"한복을 지독하게 사랑했기 때문이지요."

한복을 너무 사랑했기에 다른 것은 보이지도 들리지도 않았다. 한복을 잘 팔아 돈을 많이 벌거나 출세를 하겠다는 마음조차 없었다. 그저 한복이 좋았다. 무엇인가 사랑하면 집중할 수밖에 없고, 실패에 대한 두려움이 들어설 자리가 없어진다. 그러다보면 아이디어가 샘솟고 누군가에게 자랑도 하고 싶어진다.

처음 한복으로 파리프레타포르테 쇼에 나간다고 했을 때 패션계에서는 말들이 많았지만 그때도 하나도 두렵지 않았다고 한다. 선생님이 사랑하고 반한 한복을 서양 사람이라고 반하지 않을 리 없다는 자신감이 있었기 때문이다.

선생님은 제자들에게 "한 우물을 파라"는 말을 자주 한다. 한 가지만 지독하게, 자기가 좋아하고 사랑하는 일을 해야 한다. 돈을 위해서, 출세를 위해서, 남을 위해서가 아니라 그것 자체가 좋아서 몰입을 할 수 있으면 좋겠다는 바람이다.

우리들에게도 같은 맥락의 당부말씀을 하신다.

"여러분, 자기가 좋아하는 일을 찾아서 하는 것이 성공의 지름길입니다. 자기가 하는 일에 푹 빠지면 에너지가 저절로 나오거든요. 일을 하

한복 디자이너 이영희

면 막 흥이 나지요. 그러면 당연히 잘 할 수 있겠지요? 여러분도 누구를 위해서, 혹은 무엇을 위해서가 아니라 먼저 자기가 좋아하는 것이 무엇인지 찾았으면 좋겠어요. 그리고 사랑하는 일을 만나게 되면 맘껏 즐기기 바래요."

마지막으로 후배 디자이너들에게 하고 싶은 말은 "보는 사람에게 감동을 주는 옷을 만들면 좋겠다."는 것이다. 우리 조상들이 남긴 유산을 창의적으로 발전시키려면 당연히 우리 문화를 먼저 알아야한다. 우리 문화를 알면 노리개 하나, 비녀 하나를 봐도 행복해질 수 있다. 디자이너들이 우리 문화를 잘 알아서 그것을 옷으로 표현한다면 보는 사람을 감동시킬 수 있다.

"내가 행복해지고 또 그 행복을 전해서 다른 사람을 감동시키는 것은 대단히 의미 있는 일이에요. 그런 만큼 젊은 후배들이 우리 문화를 사

랑하고 지키는 것에 관심을 기울였으면 합니다."

우리문화를 돌보는 일은 단지 한복디자이너만의 몫은 아닐 것이다. 선생님의 한복에 대한 열정은 우리의 문화 사랑으로 이어져 뭉클한 감동을 주었다. 일본 사람들은 특별한 날 전통을 지킨다는 의미에서도 그 비싼 기모노를 갖추어 입는데 반해, 우리는 패션의 본고장에서도 인정한 한복을 불편하다고 잘 입지 않는다. 한복은 우리의 정신이고 우리의 가슴에 담아둔 혼이다. 이것이 우리가 한복을 입어야 하는 이유라는 선생님의 말씀이 오래도록 귓가에 맴돌았다.

Interviewer. 권혁준, 김정현

2015년 9월 이영희 선생님은 나이 마흔에 시작된 한복 디자인 40년 발자취를 돌아보는 전시회를 가졌다.
이 전시회에서 선생님은 그동안 모은 진귀한 한복을 비롯해 한복의 현대화와 세계화를 제시한 대표적인 작품들을
전시해 한복의 새로운 매력을 제시했다.

이영희의 멘토
민속복식박물관 관장 석주선

민속 복식을 모아 박물관 만든
한국의 복식 사학자

경기도 용인 단국대학교 안에는 아주 특별한 민속복식박물관, '석주선기념박
물관'이 있다. 이곳에 가면 난사(蘭斯) 석주선 박사가 평생 동안 수집한 3,365
점의 유물과 3,000여 권의 개인 소장 도서를 함께 만날 수 있다. 광해군 왕비의
저고리, 고종의 누비저고리, 흥선대원군의 자적용포 등 황실의 복식을 비롯해
각종 복식 부속품, 왕과 왕비의 대례복 등이 전시되어 있어 우리나라의 복식 역
사를 한눈에 볼 수 있다.

난사 석주선은 한국 복식 연구의 개척자이자 권위자로 유명하다. 석주선 박사는 평생을 바쳐 우리 전통의복인 한복을 연구하였으며, 수많은 제자를 길러내 우리의 복식문화 발전에 크게 기여했다. 그녀는 평안남도 평양 출신으로 일본 도쿄에서 고등양재학원을 졸업했으며, 광복 전까지는 일본에서 공부했던 학교의 교수로 재직하였다. 1945년 해방을 맞으면서는 귀국하여 국립과학박물관 공예연구실장으로 근무하기도 했다. 또한 후학 양성을 위해 줄곧 교수로 재직했는데, 1952년 수도여자사범대학 강사를 시작으로 1955~1958년 수도여자사범대학 부교수, 1958~1976년 동덕여자대학에서 부교수, 교수를 거쳐 정년퇴임하였다. 그리고 1981년 '석주선기념박물관'을 건립하고 박물관의 초대 관장으로 재임하면서 우리의 복식문화 보존과 발전에 발 벗고 나섰다.

이렇게 교육자로서, 국내 전통의복과 복식사를 연구하는 연구자로서 뿐만 아니라 1996년, 생을 마감할 때까지 역사적인 복식물과 민속자료를 조사하고 수집하는 데 열정을 바쳤다. 그녀는 한국복식사학자로서 복식 관련 민속유물을 조사하고 수집한 다음 정리하여 유형문화재와 무형문화재로 등록하는 데 온 힘을 쏟았는데, 특히 조선 중후기의 복식과 장신구를 정리하고 보존하는 데 크게 기여 했다. 등록을 마친 유물들은 이후 국가에서 관리되면서 이 분야를 연구하는 후학들에게 중요한 자료가 되었다. 이외에 부녀자들을 대상으로 양재 강습회를 열어 양재기술을 가르치는 등 적극적이고 다양한 활동으로 한복연구가 이영희를 비롯한 수많은 사람들의 가슴에 영원한 스승으로 자리 잡았다.

Text. 이랑

꿈 일곱

끈기와 열정이 만들어낸
아름다운 예술혼

한지작가 전광영

+

전광영의 멘토 **화가 반 고흐**

예술의 생명은 독창성이다

고학으로 미술대학 다닌 예술청년

2015년 여름, 전 세계 최고의 문화축제로 유명한 스코틀랜드의 '애딘버러 페스티벌' 전시부문에 우리나라의 전광영 작가님이 초대되었다. 영국의 '더 타임즈'는 이 소식을 전하면서 우리나라 고서의 한지를 작품의 주재료로 삼는 세계 유일의 화가 전광영 작가님을 소개했다. 전광영 작가님은 2015년 2월부터 넉 달간 하와이 호놀룰루 현대미술관에 작품을 걸었고 4월에는 런던 빅토리아 앤 알버트 미술관에서 아티스트 행사를 가졌으며 5월에는 베니스 비엔날레에서 초청 전시를 열었다. 하반기에는 독일과 싱가폴 등에서도 전시가 예정되어 있다고 한다. 전 세계가 계속해서 작가님을 부르고 있는 셈이다. 한국작가로서 가장 많은 해외 컬렉터를 갖고 있는 전광영 작가님을 만나기 위해 판교 작업실을 찾았다.

푸른 정원을 지나 들어선 실내엔 한눈에도 멋져 보이는 커다란 한지 작품이 공중에 매달려있었다. 계단을 올라 백남준, 프랭크 스텔라 등 세계적인 아티스트들의 작품들로 꾸며진 응접실에 안내되었는데 거기서 연세보다 훨씬 젊어 보이고 체구는 자그마하지만 무척 열정적이고 다부진 인상의 전광영 작가님을 만났다. 작가님은 우리들이 인터뷰 질문을 하기도 전에 마치 손자를 대하듯 우리들 하나하나의 꿈을 먼저 물으신다. 우리들 대답을 진지하게 들으신 작가님은 각자의 꿈을 응원해주시면서 그동안 신념을 가지고 끈기 있게 자신의 꿈을 찾아 걸어온 지난 이야기를 시작하신다.

작가님은 강원도 홍천에서 자랐다. 지금은 교통이 좋아져 한 시간이면 갈 수 있지만 그 옛날 서울에서 홍천에 한번 가려면 버스를 타고 자갈밭 같은 길을 9시간이나 달려야 갈 수 있는 먼 곳이었다.

"요즘 학생들이 과외 운운 할 때 나는 나의 과거를 생각해보게 돼. 내가 다니던 강원도의 조그만 학교는 교실이 부족했어. 저학년 때는 학교 뒷산 나무에 칠판을 걸고 강가에서 주워온 돌에 앉아 공부를 했지."

양은 도시락을 광목으로 싸서 어깨에 메고 산 넘고 물 건너 학교를 다녔다. 학교가 끝나면 메뚜기도 잡고 진달래꽃이랑 산딸기를 따먹고 밤늦게까지 놀다가 어머니께 꾸중을 듣던 어린 시절이었다. 친구들과 숲속에서 놀던 어느 날 홍천의 풍경을 그리는 어떤 분을 보게 되었는데 그 모습이 어린 눈에 그렇게 멋지고 좋아 보일 수가 없었다. 그때부터 이다음에 크면 그림 그리는 사람이 되고 싶었다. 초등학교 2학년 때 학교에서 꿈을 물었을 때도 예술가가 무엇인지도 잘 모르면서 좋은 예술가가 되고 싶다고 써냈다.

홍천에서 초등학교를 수석으로 졸업한 작가님은 부모님의 기대를 받으며 서울로 중학교를 왔다. 중학교 때 처음 미술반에 들어갔는데 그림 그리는 것이 너무 좋아 가슴이 콩닥콩닥 뛰던 기억이 지금도 선명하다. 하지만 그토록 좋아하는 그림을 마음껏 당당하게 그릴 수는 없었다. 작가님의 아버지는 자수성가한 분으로 2대 독자인 작가님이 법대에 가서 판검사가 되기를 원하셨기 때문이다.

"아버지의 대리 역할을 해달라는 것이었지. 그런데 나는 중학교 때부터 미술 쪽에 깊숙이 물들어갔어. 아버지가 법대에 가라고 설득했지만 내 마음은 이미 굳어졌어. 결국 아버지를 속이고 몰래 그림을 열심히 그려 홍익대학교 서양화과에 합격했지."

완고했던 아버지의 실망과 분노는 말할 수 없이 컸다. 결국 작가님은 등록금 한 푼도 못 받고 부자간의 인연을 끊다시피 했다. 그래도 씩씩하게 가정교사로 학비를 벌어 어렵게 대학을 마치고 미국 유학길까지 올랐다.

"미국에서 열심히 작가수업을 받아 성공한 예술가가 되고 싶었어. 그런데 막상 미국에 가니 이 길을 안 왔으면 좋았을 걸 할 정도로 고생이 많았지. 하지만 그 모든 고통을 감수할 만큼 그림이 그렇게 좋았어."

대학원을 마치고 친구들은 교수가 되었지만 전광영 작가님은 그림을 그리는 작가로 남았다. 10여 년간 미국생활을 거쳐 한국으로 돌아왔지만 작가님이 그리는 추상화를 알아주는 사람은 아무도 없었다. 그림이 팔리지 않아 아파트 관리비를 못 낼 정도로 생활고를 겪었지만 아버지께 돌아갈 수도 없었다.

"고작 이러려고 아버지가 그렇게 말리던 그림을 그렸나 하는 회의가 들었어. 하지만 그래도 해보자. 여기까지 어떻게 왔는데 이 정도로 꺾일까보냐 하는 오기가 생겼어. 아무도 초대전을 해주지 않아서 해마다 자비를 들여 전시회를 열었지."

우리의 '정 문화'를 담은 한지 작품

그러던 어느 날 자신이 그린 추상화에 무엇이 문제일까 깊이 생각하게 되었다. 다들 말로만 좋다고 하지 선뜻 팔리지 않는 자신의 그림을 자꾸만 보니 어디서 본 듯한 느낌이 들었다. 독창적이지 못한 것이다. 이래서는 일류가 될 수 없다는 생각이 들었다.

"나는 내가 최고라고 생각한 삶을 살았지만 내 것이라는 철학이 없는 한 최고가 아니라고 느꼈어. 그래서 나의 것을 찾아 나의 세계를 구축하고 싶었던 거지."

예술가로서 마지막이라는 생각으로 아내와 함께 전국을 돌며 스스로 돌아보는 시간을 가졌다. 무엇인가 마음을 끄는 곳이 있으면 수십 번이라도 반복해 가서 그 근원을 파고들었다. 가장 많이 간 곳이 온양민속박물관이있는데 30번쯤 갔다. 그리고 나서 자신이 한국인이라는 사실을 깨달았다. 왜 이제껏 남의 것을 흉내 내었던가 싶었다. 지극히 한국적인 것이 세계적이다 라는 말처럼 지극히 한국적인 것으로 외국 사람들을 설득해서 인정을 받으면 그것이 세계적인 것이 될 것이라고 생각했다.

작가님이 한지를 작품소재로 삼은 데는 유년시절의 향수가 큰 몫을 했다고 한다.

"어렸을 적 눈만 뜨면 큰 할아버지 댁으로 놀러갔어. 한약방을 하던 큰 할아버지는 환자들의 이야기를 귀 기울여 듣고 맥을 짚은 다음 진단서를 초서로 멋지게 쓰고는 삼각형 모양으로 약을 접어 보자기에 싸서 들려 보냈지. 그 모습이 멋져보여서 날마다 가서 구경을 했는데, 그러면 큰할아버지는 늘 찾아와 성가시게 하는 나를 쫓아 보내려고 1환을 쥐어줬고 나는 빛의 속도로 달려가 그걸로 사탕을 사먹었어. 그 재미로 들락거리던 그때 기억이 매우 인상적이었어. 약을 싸던 한지의 결, 보자기의 정성이 내 작품에 녹아들기 시작한 거지."

서양이 사각형의 정확한 박스문화라면 우리는 정성과 덤을 무한정 싸주는 보자기 문화에 익숙해 있다. 바로 그 '정 문화'에서 영감을 받아 지금의 한지 작품들이 탄생되었다. 보자기의 재료는 백 년 전의 한지로 만든 책을 구해서 사용한다.

"한지에는 백 년 전에 이 책을 만들고 사용 했던 사람들의 애환과 혼이 담겨있어. 손때 묻은 고서로 작은 픽셀(스티로폼)들을 싸고 있으면 그걸 읽던 옛 선비나 서당 학생들, 오라버니의 책을 어깨너머로 훔쳐 보던 댕기머리 소녀들과 이야기라도 나누는 기분이 들지."

작가님의 작품을 들여다보면 한지로 싼 무수히 많은 작은 조각들이 촘촘하게 채워져 있다. 일일이 손으로 싼 삼각형 한 조각 한 조각을 거대한 화폭이나 입체에 붙이는 행위를 통해 각 조각들이 서로 화합하고 대립하고 때로는 충돌하는 것을 표현하고 싶었다고 한다. 그래서 작품이름도 '집합'이다.

"백 년 전의 고서를 만졌거나 읽었던 우리 조상들의 혼을 일일이 모았으니 내 작업은 우리 혼의 결정체인 셈이지."

작품에 대한 설명이 미흡하면 우연히 어쩌다 이런 한지 작품이 나왔다고 하겠지만 우리의 "정 문화"에 대해 이야기 하니 외국 사람들이 굉장히 감탄을 했고 대단한 관심을 보였다. 지극히 한국적인 것으로 세계화에 성공한 것이다. 여유와 정이 있는 우리의 보자기문화를 담은 작가님의 작품은 95년 처음 나간 시카고아트페어에서 뜨거운 반응을 이끌어냈다. 그 후 지금까지 해외에 400여 점의 작품을 팔아 한국작가로는 가장 많은 작품을 주요 미술관과 기업에서 소장하고 있다고

삼각형의 스티로폼 조각을 보자기로 물건을 싸듯 오래된 한지로 하나씩 싼 다음 종이끈으로 묶은 것. 선생님의 모든 한지 작품은 이 작은 삼각형의 조각들을 붙여 만든다.

한다. 이에 대해 작가님은 "미국의 유명 컬렉터 미셸 로센필드, 록펠러를 비롯해 버버리, 로레알 등 세계적인 컬렉터들이 내 작품을 갖고 있다. 이는 어느 작가와도 차별화되는 독창성이 있기 때문이지만 한국인의 혼이 녹아들어 있기 때문일 것"이라고 자평한다.

독창성으로 전 세계의 주목을 끌다

작가님은 작품에 대한 이야기를 마친 후 우리들을 작업실에 마련된 전시장으로 데리고 갔다. 그동안 미술작품을 보고 감동받은 경험이 별로 없었던 어린 우리들이었지만 작가님의 작품 앞에서는 탄성이 절로 나왔다. 오래된 종이책으로 하나하나 싼 작은 형형색색의 조각들

이 모여 마치 밤하늘의 우주처럼 입체적이고 신비한 느낌이었다. 멀리서 보면 달의 분화구처럼 움푹 파인 듯한데 가까이 다가가 보니 평면인 작품 앞에서 우리들은 발걸음을 멈췄다. 신기하기도 하고 어떤 특별한 기운이 느껴지기도 했다. 이러한 작품들은 마치 건축처럼 완벽하게 미리 설계한 다음 제작된다고 한다. 색이 서서히 퍼져 나가는 그라데이션 효과를 살린 작품들은 언뜻 스프레이를 뿌린 것 같지만 한지 조각을 일일이 다르게 물들여 톤을 조절해가면서 촘촘히 배치 한 것이라고 한다. 에메랄드빛과 치자빛으로 물들인 화사한 색채감의 작품들도 여럿 있었다. 거대한 입체 작품도 눈에 띄었는데 한국인의 원초적인 기상을 응축한 것이라고 한다. 초기에는 오래된 고서의 한지 자체로 평면적인 작품만 만들었지만 염색과 울퉁불퉁한 질감, 입체적인 작품 등으로 변화를 주고 있다.

"작가는 한 곳에 머무르면 안 돼. 새로운 효과와 변화, 발전을 위해 항상 고민하고 시도해야하지."

작가님의 이런 독창성은 어디에서 나온 것일까? 그것은 그동안 받은 획일적인 교육에서 탈피하려는 몸부림에서부터 시작되었다고 한다.

"우리 유치원에 한 번 가봐. 네모반듯한 도화지에 그림을 그리고 똑같은 그림으로 본을 뜨게 해. 그래서는 독창성이 나오기 어려워."

작가님이 가장 존경하는 화가 '반 고흐'는 아카데믹한 교육을 한 번도 받지 못했다. 그림을 제대로 그리고 싶어 미술학원을 갔는데 목탄으로 석고를 그리는 모습을 보고 왜 죽은 사람을 죽은 색으로 그리느냐고 반발했다고 한다. 그리고 밖에 나가서 원색으로 자연을 그렸다. 교육을 받지 않은 고흐의 그림은 어디에도 속해있지 않고 독보적이다. 비록 그 시대에는 아무도 인정해주지 않았지만 그 독창성으로 20세기 최고의 천재작가로 등극했다.

"내 작품도 이런 독창성 때문에 유명해졌다고 생각해. 내 머리가 대단하지 않기에 완전히 새로운 것을 만들진 못해. 대신 우리의 한지를 선택하고 거기에 우리의 삶을 담아 서양의 현대미술과 복합시켜 돌연변이를 시킨 거지."

뚝심과 열정, 끈기로 버텨낸 무명시절

한지 작품으로 주목받기 전까지 긴 무명의 시절을 보내면서 한국에서도, 미국에서도 너무 힘들었다. 자신을 유지할 만한 정신적인 여력이 없어 매일 그만두어야겠다고 생각했다.

"대학원을 졸업하고 불법체류자 신분으로 쫓기면서 너무 힘들어 자살기도를 두 번이나 했어. 그런 힘든 과정을 겪을 때마다 나를 버티게 해 준 예술가가 있었어."

미국에서 '반 고흐'의 삶을 자세히 조명한《삶의 욕망》이라는 책을 즐겨 읽었다. 고흐는 단 10년 동안 엄청난 양의 그림을 그렸지만 사후에 비로소 유명해진 화가이다. 정신병을 앓았으며 살아생전 단 두 점의 작품만이 팔릴 정도로 알아주는 이 없어도 그는 작가의 길을 포기하지 않았다. 작가님은 힘들 때마다 자신보다 백배 이상의 고통을 겪었던 고흐를 생각하면서 버텨냈다고 한다. 그런 인고의 과정을 거쳐 탄생한 작가님의 작품은 미국 뉴욕의 유엔본부에서 소장하고 있으며, 호주의 고등학교 미술교과서에 실릴 정도로 대단한 성공을 거두었다.

해외에서 특히 유명세를 타고 있기에 그동안 수많은 해외 전시 중에서 가장 인상 깊었던 전시회 세 가지를 꼽아 달라고 여쭈었다. 작가님은 첫 번째로 미국 코네티컷의 세계적인 박물관, 얼드리치 미술관에서 5개월 동안 열었던 개인전을 소개해주셨다. 이 개인전으로 '뉴욕 타임스'의 리뷰를 통해 격찬을 받은 바 있다. 그런데 이 미술관에서는 작가님의 개인전을 위해 무려 7년 동안이나 작가님을 지켜봐왔다고 한다.

"서양 사람들은 한 번에 딱 보고 결정하지 않아. 오랫동안 관찰하고 미래도 내다보면서 전시를 열어주고 작품을 구입하지."

두 번째로 독일 벤츠 본사가 있는 슈투트가르트의 클라인 미술관에서 독일이 자랑하는 세계적인 작가 '안젤름 카퍼'와 동서양의 대화라는 타이틀로 6개월간 전시를 했다. 이때 무려 2만 명이 몰리는 대성황을 기록해 기간을 6개월 더 연장해 1년간 전시를 했다고 한다.

세 번째는 영국의 자존심 빅토리아 앤 알버트 미술관에는 작가님의 작품이 영구소장 되어있다. 한국관의 현대작품으로 전시되고 있는 작가님의 작품은 이 박물관이 존재하는 한 영원히 남게 된다.

이렇게 외국에서 유명세를 타는 것에 비해 아직 우리나라에서는 기대

만큼 큰 관심을 받지 못하고 있다고 한다.

"우리사회가 우리 문화와 예술에 관심이 없다는 점이 제일 힘들어. 어렸을 적 아버지가 살던 시대에 얼마나 화가가 대접을 못 받았으면 그리 반대를 하셨을까 싶지. 그런데 아직도 우리나라에서는 우리 예술가들을 크게 알아주지 않아. 이 나라 화가인 내가 외국에 나가면 환호를 받는데 비해 우리나라에서 큰 주목을 받고 있지 못한 것만 봐도 알 수 있지. 내가 만약 영국이나 미국 같은 문화선진국에 태어났더라면 어땠을까 하는 생각을 해."

우리들은 외국의 한 전시회 오프닝에서 작가님의 작품을 보기 위해 수많은 사람들이 줄지어 서있는 사진을 보면서 부끄러운 생각이 들었다. 해외 유명 화가들의 전시회가 열릴 때면 뜨거운 관심을 보이면서 정작 우리 작가들에 대한 스스로의 인식은 어떠했었는지 돌아봐야 할 일이다.

세계적인 조각가 로댕은 자기 작품을 완벽하게 실현시키기 위해 스스로 주물공장의 직공으로 들어가 7년 동안 쇳물을 부으며 그 방면의 최고가 되었다고 한다. 이런 정도로 수도자적인 자세가 없이는 최고의 예술가가 될 수 없다. 작가님도 끊임없이 변화하고 발전하기 위해 온갖 노력을 기울인다. 한 가지 예로 작가님 컴퓨터에는 관심 있게 찍어둔 사진만 3만 장이 넘는다고 한다. 길을 걷다가 올려다본 하늘의 구름 하나, 가게의 과일 하나, 하다못해 집에서 텔레비전을 보다가도 모티브가 될 만한 화면이 나오면 찍어둔다. 날마다 주요 일간지들을 읽고 자료가 될 만한 것들 역시 찍어둔다.

"모든 삶이 다 나의 미술자료가 될 수 있어. 내 머리는 한정되어있으니까 내가 순간적으로 관심을 가졌던 것을 기록해놓고 다시 꺼내어보면서 작품을 구상하지. 남들은 내가 우연히 성공한 줄 아는데 이런 내 열정과 노력이 오늘의 나를 만들었다고 생각해."

내가 하고 싶은 일을 해야 행복하다

식구들을 제대로 건사하기 힘들 정도로 쪼들렸던 작가님은 이제 사재를 털어 미술관을 짓고 있다. 2016년에 준공할 예정인 이 미술관은 미술가를 키워주고 독려해주는 세상을 만들고픈 작가님의 염원에서 비롯되었다. 여기까지 오는데 꼬박 50년이 걸렸다.

"중학교 때 주말이면 엄마를 보러 하루 꼬박 버스를 타고 집에 갔었지. 그랬던 촌놈이 이제는 전 세계를 휩쓸고 다니고 있어. 지금 내 페이스북에 들어가면 미술에 관심 있는 외국인 친구만 4천명이야. 나는 과외도 안 받은 촌놈인데 영어로 미국사람들에게 내 작품을 설명할 수 있지."

먼 옛날 힘든 고비를 넘기며 꿈을 키워왔기에 풍족한 조건의 요즘 학생들에게 하고 싶은 말이 많다. 작가님은 "70이 넘은 내가 100살까지 살기를 꿈꾸니 젊은 자네들은 아마 120살까지 살지 않을까? 자네들이 아직 십대니까 앞으로 백년을 더 살 텐데 그 긴 시간 동안 자신이 하고 싶은 일을 하면서 행복하게 살지 못하고 남의 뜻에 따라 산다면 얼마나 불행하겠니?"라면서 우리들 자신의 꿈과 삶에 대해 진지하게

전광영 선생님은 작품을 만들 때 먼저 작품 설계를 완벽히 한 다음 수없이 많은 작은 삼각형 조각들을 붙여 완성한다.

고민해야한다고 강조한다. 그리고 "가만히 앉아서 되는 것은 아무것도 없어. 자기가 관심을 가진 분야에 대해서 자꾸 여러 방면으로 생각해 보는 훈련을 해야 해. 그래야 그 분야의 독보적인 존재가 될 수 있지." 라며 각자의 꿈을 향해 매진할 것을 독려한다.

인터뷰 하는 내내 반짝거리는 눈빛과 힘찬 목소리로 우리들을 사로잡았던 작가님은 스스로를 마라톤선수에 비유하신다.

"나는 백미터 선수가 아니라 마라톤 선수처럼 인생을 살아왔어. 이제 겨우 반환점을 돌았다고 생각하지. 서두르거나 초조해하지 않고 스스로 열심히 뛸 뿐이야. 즐겁게 뛰다보니 몸과 마음이 맑아지고 젊어지는 것 같아. 무엇보다 하고 싶은 일을 하니 마음이 편하고 즐거워."

우리들에게도 인생을 길게 내다보는 안목을 길러야 한다고 조언한다. 지금 당장 수능 점수 좀 잘 맞았다고 거기 안주한다면 발전이 없다는 것이다. 인생을 마라톤처럼 길게 내다보고 마지막 완숙기에 골인할 수 있도록 관리하려면 자기 건강부터 잘 돌봐야 한다. 그리고 공부가 맘대로 안 된다고 우중충해지지 말고 공부 좀 못해도 다른 장점을 떠올리며 스스로 자신감을 가지길 당부한다.

"자신의 장점을 살려서 발전시켜야 해! 젊은이여 꿈을 가져라!"며 우리들에게 응원을 아끼지 않는 작가님. 무려 세 시간이 넘도록 열변을 토하신 작가님에게서 우리들은 열정 가득한 예술청년의 모습을 보았다.

Interviewer. 권혁준, 김정현

전광영의 멘토
화가 반 고흐

불우한 삶에도
예술혼 불태운 천재 화가

네덜란드 암스테르담에 있는 반고흐박물관(Van Gogh Museum)에는 늘 관광객들이 북적인다. 고흐의 작품을 가장 많이 볼 수 있는 박물관으로 하루에도 수백 명이 찾아와 작품에 감탄하고 그를 그리워하는 것이다. 하지만 안타깝게도 살아생전 고흐를 찾는 사람들은 많지 않았다. 그는 내성적이었고 늘 무언가에 결핍을 느끼며 정서적으로 불안한 삶을 살았다. 고흐 스스로도 자신의 어린 시절을 "우울하고 차가웠던 시간"이라고 회상할 만큼 그의 생애 대부분은 암울

했다. 예술가의 삶이 밝고 안정적이기는 어렵겠지만, 고흐의 삶은 누구보다 불행하고 힘겨웠다. 그나마 사후에 그의 천재성이 재조명되면서 많은 작품을 접하게 된 점은 다행이다.

어린 시절, 고흐는 3년 동안 집에서 가정교사에게 교육을 받게 된다. 학교에 적응하지 못한 탓이었다. 대신 가족과의 유대는 좋은 편이었다. 가족과 떨어지는 것을 싫어했고, 특히 그의 동생 테오와의 우애는 여느 친구보다 더 두터웠다. 테오가 없었다면 고흐는 더욱 힘겨운 삶을 살았을지도 모른다. 테오는 고흐의 인생을 통틀어 가장 든든한 후원자이자 친구였고 따뜻한 가족이었다. 1880년, 본격적으로 그림을 그리기 시작한 것도 동생 테오의 영향이 컸다. 그전까지는 신학 공부를 하며 지냈으나, 자신의 길이 아님을 깨닫고 화가로서의 삶을 시작하게 된다.

세계적으로 가장 유명한 화가로 손꼽히지만, 그가 정식으로 미술을 배운 건 아니었다. 초기에는 고흐의 마음을 사로잡은 렘브란트와 프란스 할스라는 화가들의 화풍을 따라가면서 자신만의 스타일을 만들어가는 수준이었다. 당시 작품들은 평범한 일상을 그리는 경우가 많았다. 시골의 오두막과 일하는 농부들, 정물화를 주로 그렸다. 당시 고흐의 삶은 참으로 가난했다. 동생 테오가 보내준 돈으로 그림 재료를 사고 겨우 먹을 것을 댈 정도였다. 그래서였는지, '감자먹는 사람들(1885)'처럼 그때의 작품들은 색조가 너무 어두워 세상에 알려진 유명 작품들과는 큰 차이를 보인다.

이후 프랑스 파리로 건너나 인상주의 대열에 합류하고 나서야 작품의 색채가 점차 화려해졌다. 파리에서는 밝고 대담한 색채로 프랑스의 다양한 모습을 화폭에 담았다. 2년가량 동안 200여점의 작품을 남길 정도로 파리에서의 작품 활동은 꽤 활발했다. 그리고 1888년 2월 그는 프랑스 남부의 아를로 떠나게 된다. 아를에서의 2년 동안 참으로 많은 일들이 벌어졌다. 아를에 간 이유는 휴식을 위해서였지만, 이미 고흐의 몸과 마음은 많이 쇠약해진 상태였다. 게다가 아를의 새롭고 이국적인 풍광은 그의 창작욕을 부추겼다. 이곳에서 눈부신 색채를 띤 전형적인 고흐 스타일의 작품들이 탄생했는데, 당시의 그림들은 고흐의 주요 대표작이 되었다.

고흐의 주변 인물 중 동생 테오를 제외하고 가장 중요한 인물을 꼽자면 폴 고갱(1848-1903)을 들 수 있다. 고갱은 프랑스의 후기 인상파 화가로 고흐와 친구 사이였다. 둘은 1887년 파리에서 처음 만나 같이 작품 활동을 하고 전시회를 여는 등 예술적인 교류를 나눴다. 하지만 아를에서 다시 만난 고흐와 고갱의 우정은 지속되지 못했다. 작업실에 같이 살며 작품 활동을 했지만, 예술에 대한 논쟁이 종종 격해지면서 결국 우정에 금이 가고 만다. 고흐 스스로 자신의 귀를 자른 사건도 이때 일어났다. 고갱과의 대립이 극렬해지자 감정적으로 추스릴 수 없었던 고흐가 자신의 왼쪽 귀를 잘랐고, 이 일로 정신병원에 입원하게 된다. 이후 환각과 망상에 사로잡히는 증상이 빈번해지면서 정상적인 생활을 하기 힘들게 되었다.

그의 대표작 '별이 빛나는 밤에(1889)'에서 볼 수 있는 소용돌이 모양도 그의 정신병에 기인한 것이었다. 당시 고흐가 그린 작품들을 그저 아름답게만 감상할 수 없는 이유도 여기에 있다. 입원과 치료를 반복하면서 고흐는 하루하루를 너무나도 고통스럽게 보냈다. 우울증은 더욱 심각해졌고, 결국 스스로 목숨을 끊는 선택을 하게 된다. 후대에 이렇게 많은 사람들이 자신의 작품을 사랑하게 될 줄 알았다면, 그의 삶이 조금이나마 덜 고통스러웠을까? 20대 후반에 본격적으로 그림을 그리기 시작해 37살이라는 짧은 생을 산 고흐의 작품들은 참 아이러니하게도 여전히 많은 사람들에게 사랑을 받고 있다. 생은 불우했으나, 예술은 영원하고, 예술에 쏟았던 그의 열정만큼은 절대 죽지 않기 때문이 아닐까. 그런 이유로 고흐의 생과 열정은 많은 예술가들에게 큰 버팀목이 되고 있는 게 아닐까 한다.

Text. 이랑

꿈 여덟

타고난 재능을 노력으로 꽃피운
세계적인 프리마돈나

성악가 조수미

+

조수미의 멘토 지휘자 헤르베르트 폰 카라얀

실력과 의지만 있으면
세계는 여러분의 것!

타고난 음악의 신동

"여고 시절 세종문화회관 객석에서 전설적인 소프라노 존 서덜랜드의
독창회를 지켜보면서 저 자리가 내 자리였으면 했어요. 이제는 여러분
차례입니다."

2015년 5월, 클래식을 전공하는 학생들을 위한 무료콘서트 무대에서
성악가 조수미 선생님은 "이 자리가 누군가에게 꿈의 씨앗이 되길 바
란다."고 소감을 밝히며 감격스러워했다. 이날 개런티를 받지 않은 조
수미 선생님은 음악을 전공한 선배로서 여러 가지 어려움을 잘 알기
에 학생들에게 도움을 주고 싶었다고 한다.

2000여 명의 청중 중 대다수를 차지한 관객은 음악가를 꿈꾸는 고등

학생, 대학생들로 조수미 선생님의 열창에 내내 환호했다. 평소 콘서트 티켓 가격이 비싼데다 선생님의 공연 티켓은 특히 구하기 힘들기에 학생들에게는 최고의 선물이 된 셈이다

선생님은 "성악을 전공하는 학생들이 필수적으로 배우는 곡과 잘 알려진 예술가 곡 중심으로 직접 선곡했는데 무엇보다 제대로 된 정석을 보여주는 데 치중했다"고 전한다. 그날 선생님은 마이크 없이 특유의 맑고 화려한 목소리로 학생들의 마음을 뜨겁게 달구어 곳곳에서 감탄사가 터져 나왔다.

탁월한 기교와 타고난 고음 덕분에 지구촌 최고의 콜로라투라 소프라노 혹은 벨칸토(폭넓은 음역과 고난도 기교를 최대한도로 발휘하게 한 창법)의 일인자라는 명성을 떨치고 있는 조수미 선생님! 이렇게 세계적인 성악가로 성장할 수 있었던 데는 많은 분들의 도움이 있었다면서 그 중에 첫 번째로 어머니 이야기부터 들려주신다.

"어머니는 음악을 무척 사랑하는 분이셨어요. 저를 가졌을 때도 음악보다 좋은 태교는 없다고 생각하셔서 뱃속의 저에게 노래도 불러주시고 클래식 음악을 많이 들려주셨다고 해요."

태어나기 전부터 음악을 듣고 자란 조수미 선생님은 말도 제대로 못하는 어린 시절부터 라디오에서 나오는 노래를 정확한 음정과 박자로 따라 불렀다고 한다. 선생님의 그런 모습을 보면서 음악에 대한 특별한 재능을 발견한 부모님은 풍족하지 못한 형편에도 집에 피아노를 들여 연습을 시켰는데 선생님은 라디오나 다른 집에서 들려오는 피아

노 소리를 듣고 악보도 없이 그대로 칠 정도로 음감이 뛰어났다. 그런 선생님에게 어머니는 "너는 나처럼 한사람의 아내로 사는 것보다 만인에게 사랑받는 성악가가 되어라."고 말씀하시며 음악공부에 열중하도록 엄격하게 지도했다.

어린 시절 욕심이 많았던 선생임은 무엇이든 잘했다. 피아노는 물론 그림, 글짓기, 무용 등 못하는 게 없었는데 여기에는 어머니의 격려와 칭찬이 큰 역할을 했다고 한다. 어렸을 적에 궁금한 것은 무엇이든 어머니께 물어보는 호기심 많은 아이였는데 어머니는 끝없는 질문에도 언제나 이해하기 쉽게 설명해주시면서 하는 것마다 칭찬을 아끼지 않았다. 아버지도 선생님이 하는 일이라면 무엇이든 "최고!"라고 엄지손

가락을 치켜들며 응원해주었다고 한다.

노래를 아주 잘 부르던 선생님은 초등학교 4학년 때 KBS에서 주최한 전국 어린이 노래자랑에 나가 준우승을 한다. 비록 우승은 못했지만 그 대회를 계기로 선생님을 성악가의 길로 이끌어주신 스승, 선화예술학교의 유병무 선생님을 만나게 된다. 그 당시 중학교 진학을 앞두고 피아노를 전공할 것인가 아니면 타고난 목소리를 살려 성악을 전공할 것인가 고심하다가 변성기 이후에도 목소리가 아름다울지 자신이 없어 피아노를 전공으로 정해둔 터였다. 그런데 유병무 선생님은 조수미 선생님이 만 명에 하나 있을까 말까 한 목소리를 가졌다면서 성악을 적극적으로 권하였고, 결국 피아노에서 성악으로 진로를 바꿔 선화예술학교에 입학한다. 유병무 선생님은 그 이후에도 조수미 선생님의 변성기 때 목소리를 잘 관리해주며 훌륭한 성악가로 자라도록 관심을 기울여주었다고 한다.

가슴으로 음악을 느끼게 된 유학생활

조수미 선생님은 선화예술학교를 거쳐 학과 개설 사상 최고 실기 점수로 서울대학교 성악과에 수석으로 입학하면서 세계적인 성악가의 탄생을 예고한다. 그러나 그동안 오로지 음악 공부에만 몰두해온 선생님은 대학생이 되자 처음으로 느껴본 자유와 즐거움에 빠진다. 수

석으로 입학했지만 공부를 뒷전으로 하다 보니 성적이 최하위에 머물고 끝내는 성악을 그만 두겠다고 하자 그동안 뒷바라지에 온힘을 기울였던 부모님의 실망은 이루 말할 수 없이 컸다. 선생님의 재능을 아까워하던 교수님들과 부모님은 결국 합심하여 2학년 때 서울대에서 중퇴시킨 후 이태리 로마의 명문 음악학교인 산타 체칠리아(Accademia Nazionale di Santa Cecilia) 음악원에 유학을 보낸다.

"준비 없이 부모님 뜻에 따라 떠났던 유학이었기에 처음에 적응하기가 무척 어려웠어요. 한국에서는 제가 공부에만 전념할 수 있도록 어머니가 모든 것을 준비해 주셨지만 이태리에서는 공부 외에 기본 생활적인 부분을 직접 해결해야 하다 보니 모든 것이 서툴고 신경 쓸 부분이 많아 더 힘들었지요."

당시 형편이 빠듯했던 부모님의 부담을 덜어드리고자 빨리 학업을 마치고 싶었던 조수미 선생님은 되도록 유학생활 적응에 온 힘을 기울였다. 차츰 생활은 안정되었지만 오페라의 본고장인 이태리 학생들, 그리고 오로지 노래 하나를 잘하기 위해 먼 길을 떠나온 열정 넘치는 유학생들과의 경쟁은 계속되었다. 그들 틈에서 어떻게든 돋보이는 학생이 되도록 최선을 다해야 했다. 그때 가장 힘이 된 것은 한국에서 공부한 것이 이태리에서 어떻게 적용될 수 있는지 알아보고자 하는 왕성한 호기심이었다고 한다.

사실 유학생활을 할 때까지 선생님은 평생 성악가로 살아갈 확신은 없었다. 하지만 스스로 재능이 있다는 것은 알고 있었다.

"처음 산타 체칠리아 음악원에 들어갔을 때부터 노래를 잘 한다고 인정받았어요. 다른 학생들은 몇 시간씩 연습해서 발표를 했지만 저는 레슨 직전에 잠깐만 봐도 악보가 외워질 정도였고 그렇게 해도 칭찬을 받았지요. 그러다보니 마음이 헤이해진 거 같아요."

그러던 어느 날 평소대로 잠깐 악보를 보고 레슨을 들어갔는데 교수님이 갑자기 악보를 찢더니 "내가 끝까지 모를 줄 알았느냐, 5분 전에 악보를 보고 들어온 것 다 안다"며 크게 화를 냈다고 한다. 이어 "너 자신이 떳떳하지 못한 데 그런 모습으로 어떻게 관중을 만날 수 있겠냐"고 꾸짖었다. 선생님은 교수님의 호된 꾸지람에 눈물을 흘리며 마음 깊이 반성하게 되었고 거의 모든 시간을 공부에 쏟아 부었다. 신기하게도 공부를 하면 할수록 더 재미가 붙었고 실력도 쑥쑥 자라났다. 그러면서 서서히 음악을 가슴으로 느끼기 시작했다고 한다.

수업을 들면서 한국에서 배워온 호흡과 발성은 조금씩 나아졌지만 이태리어, 불어, 독일어와 같은 언어와 그들의 역사나 문화에 대한 이해가 많이 떨어졌다. 그래서 책을 읽기 시작했다고 한다.

"성악을 공부하는 사람이 노래만 잘 부르면 되지, 왜 책을 읽어야 하냐고 궁금하겠지만, 노래란 결국 사람의 감정이나 특별한 사실을 주제로 그것을 표현하는 것이기 때문에 무엇에 대하여 부를 것인가, 어느 나라 말로 부를 것인가가 매우 중요한 요소가 된답니다."

세상에 노력보다 더 좋은 해결방법은 없는 것일까? 책을 읽기 시작하면서 많은 것을 이해하게 되었고 결국은 이태리 본토 학생들보다도 오페라에 대하여 더 많은 지식을 갖게 되었다. 선생님은 덩달아 친구들도 많이 생겼다면서 "이 모든 것이 자신감으로 변화되었고 제가 목표로 하는 최고의 성악가가 되는데 큰 도움을 주었어요."라고 회고한다.

선생님은 음악에 대한 열정과 노력으로 불과 3년 만에 5년제 음악원을 초고속으로 졸업하고 나폴리에서 개최된 존타 국제 콩쿠르 1위, 이어서 시칠리 엔나 국제 콩쿠르는 물론 1986년 스페인 바르셀로나 프란시스 비냐스 국제 콩쿠르, 남아공화국 프레토리아 국제 콩쿠르, 이태리 베로나 국제 콩쿠르 등을 모두 1위로 석권하며 노래의 나라 이태리를 거점으로 성악가로서의 발판을 굳혀나갔다.

거장 카라얀과의 운명적인 만남

선생님은 그동안 많은 일들을 겪었지만 가장 기억에 남는 순간으로 지휘자 카랴얀과의 만남을 꼽는다.

"여러분이 학교 음악시간에 배우겠지만 음악의 역사상 위대한 작곡가들이 있지요. 예를 들어 베토벤, 브람스, 차이코프스키 등등. 이런 유명한 작곡가들은 17세기 또는 18세기에 살았던 분들이에요. 그 분들이 만들어 놓은 많은 곡들을 가장 높은 수준으로 연주를 하려면 오케스트라가 필요한데 그 오케스트라를 잘 조련하고 연주시키는 사람이 지휘자입니다. 제가 유학을 할 당시에는 많은 지휘자들 중에서 세계적으로 손꼽는, 아무도 거부할 수 없는 지휘자가 한분 계셨는데 그분이 마에스트로 카라얀입니다."

세계 최고의 지휘자 카라얀이 조수미 선생님께 짤즈부르크 음악축제에서 노래할 사람을 찾으니 오디션을 하라고 연락을 해왔다.

"세계무대에 데뷔한지 얼마 되지도 않은 동양의 작은 소녀에게 그런 오디션 기회를 주다니 그것은 매우 놀라운 일이었어요."

당시 카라얀은 피아노 반주만으로 밤의 여왕의 아리아를 불러달라고 요청했다. 갑작스런 요청에 준비도 없이 부르게 되었지만 노래를 들은 카라얀은 조수미 선생님의 목소리가 물처럼 맑다고 극찬을 했다. 카라얀과의 만남은 녹화되어서 전 세계로 방송되었는데 그 때문에 선생님은 일약 오페라계의 스타가 된다.

카라얀은 조수미 선생님의 목소리에 대해 "한 세기에 하나 나올까 말까 한 신의 선물"이라고 평하며 "그 선물을 잘 갈고 닦아 사람들에게 기쁨을 줘야 한다"고 조언했다. 또한 "한국에서 배웠다니 놀랍다. 한국에도 그렇게 뛰어난 선생들이 있단 말인가? 한국은 대단한 나라이다"라고 감탄했다고 한다.

선생님은 인생에 가장 큰 영향을 끼친 멘토에 대해서도 카라얀을 언급했다.

"지휘자 헤르베르트 폰 카라얀 선생님을 제 인생 최고의 멘토로 생각합니다. 그분을 만나 저의 진정한 재능을 발견했기 때문이지요."

카라얀은 무대의상, 분장 등 세세한 부분까지 조언을 아끼지 않았다.

음악적인 작은 기교나 연기 도중 몸을 돌리는 동작이나 손짓 등 무대 위의 연기법까지 열정적으로 가르쳤다. 까마득한 후배인 조수미 선생님을 옆에 앉히고 음악이나 연출에 대한 의견을 물을 정도로 총애를 아끼지 않았다.

"카라얀 선생님의 목소리가 지금도 귓가에 들리는 듯해요. '노래 외에는 아무것에도 마음을 빼앗겨서는 안 돼. 옆 사람이 뭘 하든 무대 아래에서 무슨 일이 벌어지든 온 마음을 노래에 집중시켜야 해'라고 말이지요. 저는 카라얀 선생님께 받기만 했어요. 사람들이 내 노래를 듣고 감동한다면 그 감동 속에는 거장 카라얀의 호흡과 손길이 담겨 있는 것입니다."

한국적인 빛깔을 풍기는 성악가

타고난 재능이 분명히 있었지만 국제무대에서 성악가로 성공하기까지는 이렇게 훌륭한 선생님들의 가르침과 더불어 스스로 많은 어려움을 딛고 엄청난 노력을 기울여야 했다. 성악의 본고장인 서양에서 동양인으로 무대에 선다는 것은 결코 쉬운 일이 아니었다. 당시 동양인이 드물던 유럽에서 낯선 동양인에게 쏟아지는 생소한 시선을 견뎌내고 검은 머리, 노란 피부, 작은 체구 등 외모적으로 서양인과 다른 부분을 극복해내는 것이 관건이었다. 실제로 오페라 배역을 맡을 때 노래 실력은 충분했지만 금발머리의 서양인이 아니라는 이유로 번번이 캐스팅에서 누락되기도 했다.

그러나 조수미 선생님은 좌절 대신 끊임없는 노력으로 실력을 키워 동양인 최초의 온갖 기록을 세웠다. 동양인 최초로 6개의 국제콩쿠르를 1위로 석권한 것을 비롯해 세계 5대 오페라극장에서 주연으로 공연한 동양인 최초의 프리마돈나가 되었으며 동양인 최초로 이태리 황금기러기상과 국제 푸치니상을 수상했다.

세계적인 성악가 조수미 선생님은 국제무대에서 공연을 하고 있지만 언제나 자신이 한국인임을 가장 우선시 한다고 한다.

"1986년 세계무대에 서기 시작할 때 한국이라는 나라가 어디 있는지 모르는 사람들이 대부분이었어요. 공항에서 여권을 제시하면 한국을 몰라 이것을 설명하느라 비행기가 제때 못 뜨는 경우가 있을 정도였으니까요. 그래서 한국이 빨리 발전해야 되겠다. 한국에 좋은 일이 있도록 나도 뭔가 해야겠다는 생각을 가지게 되었어요."

그래서 선생님은 한국에서 국제적인 행사가 있으면 다른 스케줄을 뒤로 하고 우선적으로 오길 원했고, 이런 점을 이해하지 못한 외국인 매니저와 싸우는 일도 잦았다고 한다. 선생님은 "자기 나라의 색깔을 풍기는 사람이 진정한 예술가라고 생각한다."면서 자신이 한국인이기에 한국적인 색깔을 풍기는 성악가이길 원한다. 본명인 조수경이라는 이름도 외국인들이 발음하기 어려워 서양식으로 바꾸자고 권유받았지만 선생님은 마다했다. 자신이 한국인임을 나타내기 위해서 '경'자만 '미'자로 발음하기 쉽게 바꿔 한국식 이름을 유지하며 활동하고 있다.

돌아가신 아버지께 바치는 아베마리아

누구나 살다보면 어려운 점이 당연히 있다. 선생님의 경우 어린 시절부터 유학을 하고 많은 공연 일정을 소화하다보니 가족과 오랜 동안 떨어져 혼자 외로움을 견뎌내야 하는 것이 가장 힘들었다고 한다. 늘 가족에 대한 그리움을 안고 살아가는 선생님에게 갑자기 아버지가 돌아가셨다는 소식은 너무나 가슴 아픈 일이었다. 더군다나 그날은 2006년 파리에서 중요한 독창회가 열리기 전날이었다.

"외동딸인 저에 대한 사랑이 지극하셨던 아버지셨어요. 당뇨로 고생하시면서도 저에게 힘든 내색 한 번 안하셨지요. 그런 아버지가 돌아가셨다는 소식에 가슴이 찢어지는 것 같았어요. 다음 날 열릴 파리에서의 공연을 취소하고 집으로 달려가려고 했지요."

그러나 어머니가 "많은 사람들과의 약속을 지키는 것이 최우선이고 노래를 해서 그 음악회를 아버지께 바치는 것이 너의 본분이다"라며 귀국을 만류하셨다고 한다. 그래서 공연 무대에 섰는데 막상 그런 일을 당하고 나니 목이 메어서 노래를 부를 수가 없었다. 결국 관객들에게 그런 사연을 이야기 했더니 모든 관객들이 일어나서 선생님을 응원해줬다고 한다. 어렵게 공연을 마치고 나니 눈물이 흘러내렸고 앵콜곡을 부른 후에도 관객들의 박수가 그치지 않자 "고국에서 아버지 장례식이 열리고 있다. 하늘에 계신 아버지께 이 노래를 바친다"며 슈베르트의 〈아베마리아〉를 슬픔을 삼키며 마지막 곡으로 불렀다. 그때 파리 샤틀레극장을 메운 청중들은 모두 기립박수를 보냈고 눈물을 흘리는 관객들도 적지 않았다고 한다.

일 년 365일 중 반 이상을 세계 각지로 공연을 다니고 있다는 선생님의 말씀에 음악에 대한 열정과 사랑 없이는 해낼 수 없는 일 아닐까 하는 생각이 들었다. 우리들은 그런 선생님께서 인생을 살아가면서 가장 중요하게 생각하는 가치는 무엇인지 여쭈었다. 특별히 좌우명을 정해놓지는 않았지만 30여 년 동안 늘 무대에 서다보니 항상 최선을 다해야겠다는 다짐 속에 살고 있다고 한다.

"공연에서 최선을 다한다는 것은 노래를 부를 때 최선을 다한다는 것도 되겠지만 최상의 공연이 될 수 있도록 사전에 많은 것들에 대하여 미리 생각해야 해요. 일어날 수 있는 많은 상황을 시뮬레이션 해 보고, 가정해보지요. 또한 나는 열심히 최선을 다하지만 다른 사람들이 최선을 다하지 않기 때문에 더 좋은 결과를 내지 못하는 경우도 있는데, 그러한 경우까지도 미리 생각해 보고 그들도 열심히 최선을 다할 수 있도록 배려하고 준비하고 있어요."

선생님은 타고난 재능에 만족하지 않고 이런 준비와 노력이 있었기에 오늘의 조수미가 있다고 강조한다.

음악은 세상을 아름답게 만드는 것

음악 공부를 하려는 우리 친구들에게 가장 기본이 되는 것은 무엇일까?

"우선, 자신이 음악을 정말로 하고 싶은가에 대해 깊이 생각해야 합니다. 세상에는 음악 말고도 신나는 직업이 많이 있어요. 어쩌면 자신이 음악보다는 다른 분야를 전공하는 것이 더 나을 수도 있지 않을까 자신에게 되물어 보세요. 그 결과 답이 음악이라면 스스로의 믿음이 굳혀진 것이고 그 결과에 대한 후회도 없겠지요." 라면서 음악의 길이 멀고 힘들 수 있기 때문에 그 만큼의 정신 무장이 필요하다고 한다. 또한 "모든 공부가 그렇듯, 음악 공부도 스마트하게 해야 합니다. 그것은

사전조사를 해 보는 것인데, 자기와 같은 성향의 음악인이 어떻게 성공적으로 음악 생활을 해 왔는지 성공적인 롤모델을 찾고 그 롤모델과 자신의 성장과정을 비교하여 더 효과적으로 학습하는 것이지요. 다른 분야도 그렇겠지만 음악도 결국 다른 사람들과 경쟁하여 이겨야 하는 것이기 때문에 미리 좋은 공부 방법을 만들어 둔다면 남들보다 유리할 거예요. 저는 전설적인 소프라노 마리아 클라스와 조안 서덜란드를 롤 모델로 삼았습니다." 라면서 가장 기본적인 이 두 가지가 준비된다면 그 다음부터는 좋은 선생님과 함께 열심히 공부하며 노래하고 음악 하는 즐거움을 만끽하면 된다고 조언한다.

평범한 청소년들이 앞으로 글로벌하게 꿈을 키워나가려면 어떤 마음가짐과 자세가 필요할까? 선생님은 음악을 하는 학생이 아니더라도 자신이 목표로 하는 것이 무엇인가에 대하여 진정성 있는 고민을 꼭 해보라고 당부한다. 물론 청소년 시기에 '이것이다'라고 답을 내리기는 어렵지만 그렇게 생각을 해 본 사람과 그렇지 않은 사람은 분명히 삶에 대한 자세가 다르다고 생각하기 때문이다.

"요즘 여러분들의 주변에는 자신의 생각보다는 TV, 핸드폰 등 다른 사람의 생각만을 전달하는 매체와 미디어가 많습니다. 그런 환경 속에서 자신만의 목표를 갖도록 노력하지 않는다면 아마도 다른 사람들과 별반 다를 바 없는 인생을 살게 되지 않을까요?"

선생님은 "어린 시절의 교육은 그 목표를 찾게 하기 위하여 제공해주는 기회"라고 하면서 "만약 그러한 목표가 생긴다면 그 다음으로는 자신과 함께 상의하고 조언과 도움을 줄 수 있는 친구나 멘토를 꼭 찾기 바란다."고 조언한다. 서로 마음을 열고 함께 생각을 나눠 볼 수 있는 친구나 보다 앞선 경험을 제공하고 현명한 판단을 하도록 도움을 주는 선배가 있다면 많은 일들을 쉽게 그러나 의미 있게 결정할 수 있고 아마도 그 결과도 좋을 것이라고 생각한다.

1986년 이태리에서 국제무대에 처음 발을 들인 선생님은 2016년 세계 데뷔 30주년을 맞는다. 선생님께 "음악이란 세상을 아름답게 만드는 것"이라며 "자기 내면의 아름다움을 가꿔 음악을 해야 세상이 행복해질 수 있습니다"고 말한다. 이어서 "음악은 우주의 공통어에요.

우리 색깔, 우리 혼, 우리 정서로 표현하는 세계적인 음악가가 한국에서 나올 수 있어요. 우리 때는 어려운 길을 걸었지만, 이제는 실력, 의지만 있으면 세계는 여러분의 것입니다."라며 우리 친구들에게 응원을 보내는 조수미 선생님! 열정적인 노래만큼이나 후배들에 대한 사랑도 진하게 느껴진다.

Interviewer. 권혁준, 김정현

조수미의 멘토
지휘자 헤르베르트 폰 카라얀

음악인의 재능을 꽃피워준
완벽하고 엄격한 지휘자

여기 노래를 하지도 연주를 하지도 않는 음악가가 있다. 그의 손에 들고 있는 작은 막대기는 가수의 목소리이자, 연주자의 악기와도 같다. 그렇다고 손에 들고 있는 것은 펜도 아니어서, 작사를 하거나 작곡을 하는 사람도 아님을 증명한다. 그는 자신의 트레이드마크인 막대기로 허공을 휘저으며 관객에게 음악을 전달한다. 조화로운 합주가 가능하도록 연주를 완성하는 음악가, 이들은 바로 지휘자이다. 지휘자는 각자의 개성을 가진 연주자들을 이끌며 연주를 완성하는 역할을 한다. 때문에 지휘자에게 요구되는 중요한 역량 중 하나는 리더십이다. 음악과 리더십, 이 조화롭지 못한 단어의 중심에 조화롭게 서있는 지휘자는 무대 위의 지도자로서 공연을 완성한다. 이런 역할 때문에 지휘자는 종종 범접할 수 없는 대상으로 그려질 때가 많다. 조수미가 만난 카라얀 역시 강력한 영향력을 가진 지휘자였다. 더욱이 조수미가 카라얀을 만났을 당시, 그는 세계적인 거장 자체였다. 그래서 카라얀과의 만남과 가르침은 그녀의 음악생활에 강한 자극이 되었다.

카라얀이 태어난 곳은 오스트리아 잘츠부르크였다. 참고로, 이곳은 모차르트의 고향으로, 잘츠부르크 사람들은 자신의 고향을 모차르트와 카라얀이 태어난 곳이라고 소개할 정도로 그의 업적을 높이 사고 있다. 어린 시절 카라얀은 피아노 신동으로 유명했다. 때문에 피아니스트를 꿈꾸며 음악을 시작하게 된다. 그러다 스승의 권유로 지휘를 배우게 되어 21살이란 젊은 나이부터 지휘자로 활동하게 된다. 1934년에는 음악감독으로 선임되었는데, 27세에 아헨 가극장의 음악감독이 된 그는 독일에서 가장 젊은 음악감독이 되었다.

1937년에는 베를린 필하모니를 최초로 지휘했으며, 1938년에는 '트리스탄과 이졸데'를 공연해 '기적의 카라얀(Das Wunder Karajan)'이란 극찬을 받았다. 이후 1955년에는 베를린 필하모니의 제4대 상임지휘자로, 그리고 종신 예술감독으로 취임을 하게 된다. 당시 베를린은 정상의 무대였다. 그는 베를린 필하모니의 첫 지휘를 하고 20년이 채되기도 전에 상임지휘자이자 예술감독이 되어 명실

공히 대가로 인정을 받게 된다. 그런데 음악계에서 그의 경력을 높이 사는 이유는 베를린 무대 때문만은 아니었다. 앞서 아헨 가극장에서 음악감독으로 활동한 경력처럼 그는 독일의 중소도시에서의 활동도 마다하지 않았다. 여건이 좋지 않은 가극장을 경험하며 그는 함께 공연하는 가수나 악단원 등의 고충을 이해하는 면모를 갖추게 되었다.

카라얀이 눈을 감고 지휘하는 사진은 꽤 유명하다. 마치 지휘는 눈을 감고해야 한다고 보여주듯이 지휘자의 표본처럼 대중에게 친숙하게 알려져 있다. 그런 그가 쌓은 업적 중 하나가 바로 클래식 연주를 녹음해 대중에게 친숙하게 만든 일이었다. 1938년 12월부터 1989년 4월까지, 카라얀은 음반 509종, 영상물 78종이라는 방대한 연주 기록을 남겼다. 당시는 연주회를 녹음한다는 것이 높이 평가되는 시대는 아니었다. 하지만 더 많은 사람들이 더 자주 연주음악을 접하려면 레코드 녹음이 꼭 필요하다고 생각했기 때문에 수많은 연주를 기록으로 남기는 데 공을 들였다.

그의 연주는 섬세함이 살아있으면서도 베토벤의 장엄한 교향곡이 잘 어울리는 스타일이었다. 또한 완벽한 연주를 위해 악단원들과 혼연일체가 되어 연습하며 공연을 소화해 냈다. 대가에게 빼놓을 수 없는 완벽주의 기질과 엄격함은 카라얀에게도 당연히 존재했다. 연습을 실전처럼 진행하는 과정에서 그는 악단원들의 음악적 재능을 최대한 끌어올리고 곡의 아름다움을 극대화했다. 한편, 그가 들인 노력 중 하나는 오케스트라를 빛낼 음악인들을 발굴해 영입하는 것이었

다. 그런 노력은 오케스트라의 수준을 높이고 그의 명성을 떨치는 데도 기여했
다. 함께 연주할 신인을 발굴하는 과정에서는 그들이 재능을 꽃피울 방법을 발
견할 수 있도록 도왔다. 조수미 선생님이 그에게 섬세한 지도를 받은 것은 그가
타계하기 직전이었다. 그렇게 전체를 이끌면서 악단원 각각의 재능을 살리려는
노력은 1989년 죽음을 맞던 해까지 계속되었다. 1989년 4월 23일 빈 무지크페
라인잘에서의 연주는 그의 3,524번째 연주이자 마지막 연주가 되었다.

Text. 이랑

꿈 아홉

아이들이 즐겁고
행복해지기를 꿈꾸는 뽀통령

애니메이션 제작자 최종일

+

최종일의 멘토 애니메이션 제작자 프레데릭 백

실패를 통해
성공의 노하우를 배워라

그림 그리기와 만화를 좋아했던 어린 시절

아이들에게 일명 뽀통령(뽀로로 대통령)이라고 불리며 큰 인기를 얻고 있는 '뽀로로'. 유아들에게 절대적인 지지와 사랑을 받고 있는 '뽀로로'는 유아용 애니메이션으로서 세계 120개국에 소개되면서 한국의 애니메이션에 대한 인식을 바꾸어 놓았다. 이러한 '뽀로로'의 성공신화를 일군 장본인, '(주)아이코닉스' 최종일 대표님을 만나기 위해 판교의 사무실을 찾았다. 귀엽고 재미있는 '뽀로로' 캐릭터를 만들어낸 분은 과연 어떤 분일까? 설레는 마음으로 찾은 우리들을 최대표님은 어린 아이처럼 맑은 미소로 반가이 맞아주시며 방으로 안내해주신다. 대표님 방은 그간 만들어낸 여러 가지 귀여운 캐릭터 인형들과 뽀로로 동화책들 그리고 대표님의 성공을 짐작케 하는 수많은 상패로 장식되어 있었다. 그곳에서 마케팅은 물론 제작을 위한 스토리까지 직접 엮어내신다는 대표님은 어떻게 '뽀로로'를 만들게 되었는지 묻는 우리들에게 먼저 애니메이션에 주목하게 된 계기부터 차근히 이야기를 풀어내신다.

최종일 대표님은 어렸을 적 그림 그리기와 만화책을 좋아하는 아이였다고 한다. 화가나 만화가가 되는 꿈을 꾸었는데 '그림으로는 밥 먹고 살기 힘들다'는 얘기를 주변에서 많이 들으면서 고등학교 3학년 때 스스로 그림을 그만두었다. 대학 졸업 후 많은 이들이 선망하는 광고회사에 들어가 나름 좋은 평가를 받으면서 인정을 받았지만 어느 날 하고 있는 일에 회의가 느껴졌다.

"광고 일에 보람이 느껴지지 않았어요. 이유가 뭘까 생각해봤지요. 그랬더니 내가 정말 좋아서라기보다는 주위의 시선 때문에 광고회사를

다니고 있다는 생각이 들었어요. 주위 사람들로부터 '좋은 직장을 다니고 있구나'라는 평가를 중요하게 생각했던 거지요."

지난날을 돌이켜보니 지금까지 어쩌면 자신이 원했던 길이 아니라 많은 사람들이 걸어가는 길이기에 당연히 가야된다고 무의식적으로 받아들였던 것이 아닌가 하는 생각이 들었다. 그래서 주위의 시선보다 과연 내가 정말 좋아하는 것은 무엇일까 진지하게 고민했지만 안타깝게도 그것이 무엇인지 쉽게 떠오르지 않았다. 무엇을 하고 싶은지 그 해답을 찾기까지 1년 이상 방황했다고 한다. 그러던 어느 날 찾은 답이 그림이었다.

"광고일은 하룻밤 꼬박 새서 일하고 나면 굉장히 피곤해요. 그런데 그 당시에 만약 그림이라면 밤을 꼬박 새워 그려도 피곤하지 않을 것 같았고 실제로도 그랬어요. 그래서 내가 좋아하는 그림을 일로 삼으면 얼마나 좋을까 생각하게 되었지요."

어려서부터 그림 그리는 것을 좋아했는데 정말 하고 싶은 일이 무엇인가 고민했을 때 왜 한 번도 그림과 직업을 연결시키지 못했을까 생각하니 웃기기도 하고 슬프기도 했다고 한다.

단지 그림을 좋아한다고 뒤늦게 화가로 나서기에는 너무 단순한 선택이기에 그림과 관련된 어떤 일이 좋을까 고민 하다가 어려서부터 정말 좋아하던 애니메이션에 주목하게 되었다. 우리나라의 애니메이션 산업은 당시 미국과 일본의 애니메이션을 하청 제작했는데, 인건비가 높아지면서 사양길로 접어들고 있었다. 하지만 우리의 기술력이 좋기 때문에 기획과 마케팅이 보완된다면 전 세계 시장을 대상으로 배급하고 캐릭터사업으로 고부가가치를 낼 수 있을 것이라는 판단이 들었다.

일본에서 취약했던 유아용 애니메이션으로 승부수

광고팀에서 신규 사업팀으로 옮겨 새로운 사업을 구상하던 대표님은 애니메이션 사업팀을 꾸리고 첫 작품으로 1997년 '녹색전차 해모수'를 만들었다. 하지만 제작기술의 부족으로 실패를 했다. 우리나라의 기술력이 좋다고 생각했는데 그것은 어디까지나 애니메이션 선진국의 설계도에 살을 붙이는 역할이었기에 살을 붙이는 기술력은 있었지만 설계도를 만드는 기술력은 부족했다고 대표님은 회고한다.

두 번째는 국내에 유능한 애니메이터들을 모아 '레스톨 특수 구조대'를 선보였지만 첫 번째보다 더 심한 적자를 냈다. 그 해 우리나라가 외환위기를 겪으면서 국내 애니메이션 시장이 얼어붙었는데 이에 대한 적절한 사업적 전략이 없었기 때문이었다.

두 번의 실패를 딛고 세 번째 작품을 만들겠다고 하자 회사에서는 더 이상 애니메이션을 진행하지 않겠다고 통보해왔다. 실패의 경험으로 이제 제작기술을 높이고 사업적 노하우도 자신이 생겼는데 더 이상 애니메이션을 진행하지 못한다니 너무 안타까워 회사를 나와 2001년 지금의 (주)아이코닉스를 설립했다. 그리고 세 번째 작품 '미셀'을 내놓지만 90프로의 적자를 내면서 참패의 쓴맛을 보았다. '미셸'은 기술적 완성도 사업적 전략도 모두 완벽하다고 생각했지만 당시 전 세계적으로 인기를 끌었던 포켓몬스터의 맞수가 될 수는 없었다.

"가장 중요한 것은 내가 만든 작품의 완성도뿐만 아니라 애니메이션 시장에서 맞붙게 될 경쟁상대를 알고 그 경쟁에서 이기는 것이었어요."

애니메이션을 하는 한 앞으로도 일본과의 경쟁을 피할 수는 없다. 그렇다면 일본 애니메이션을 넘어서야만 성공할 수 있겠다는 생각이 들었다. '미셸'의 실패로 회사 문을 닫아야 될 지경에 이르렀지만 대표님의 도전은 멈추지 않았다. 마지막이라 생각하며 일본과 어떻게 경쟁에서 이길 수 있을까? 연구와 고민 끝에 찾아낸 것이 유아용 애니메이션이었다. 일본 애니메이션이 막강하긴 하지만 유아용은 상대적으로 취약해서 그걸 한 번 만들어보자 생각한 것이 '뽀로로'를 만들어낸 계기가 된 것이다.

최대표님은 '뽀롱뽀롱 뽀로로'를 참신하게 만들기 위해 수많은 애니메이션을 보고 공부했다. 집이나 동네에서 책과 장난감을 갖고 노는 아이들도 유심히 관찰했다.

"하루는 집에서 '짱구는 못말려'라는 애니메이션을 봤어요. 짱구가 바지를 엉덩이에 살짝 걸치고 춤추는 것을 보면서 4살짜리 아들과 1살짜리 딸이 키득키득 웃고 있는 것을 보고 아이들이 개그를 이해한다는 사실을 발견했지요."

기존의 유아용 애니메이션은 교육적인 내용을 많이 담고 오락적인 내

용의 비중이 적었다. 하지만 대표님은 오락적인 내용을 배로 늘려도 아이들이 재미있게 보면서 교육효과를 충분히 볼 수 있다고 생각했다. 그래서 '뽀로로'의 주제곡은 '노는 게 좋아'로 시작한다. 아이들은 이전의 애니메이션보다 재미있는 '뽀로로'에 몰입하고 집중하게 되었고 덕분에 국내시장과 해외시장에서 사업적으로 크게 성공할 수 있었다.

실패를 통해 성공의 노하우를 쌓다

'뽀로로'가 처음부터 인기를 끈 것은 아니었다. 3번의 실패, 익숙하지 않은 유아용 애니메이션이라는 이유로 '뽀로로'를 만든 초기에는 아무도 캐릭터 사업을 제안하지 않았다. 고민하던 대표님은 스스로 '뽀로로'를 그림동화책으로 만들어 비싼 수수료를 물어가며 어렵게 유통을 시작했는데 다행히 베스트셀러가 되었고 덕분에 라이센스 계약체결도 매년 늘었다. 캐릭터 라이센스를 맺은 회사의 개발비용을 함께 감당하기도 하면서 라이센스 제품의 완성도도 높여나갔다.
애니메이션 시장이 너무 치열해 캐릭터를 알리기가 쉽지 않은 해외시장은 해외애니메이션 페스티벌에 참가함으로써 '뽀로로'를 알리는 데 효과를 거두었다.
이러한 노력으로 뽀로로 브랜드 가치만도 8천억원(서울산업통상진흥원 추산, 2013년 기준)에 이르며 국내에서 TV·비디오·출판·완구의 유아 부문 판매 1위, 해외 120개국 수출의 위엄을 보여주고 있다. 이렇게 성공신화를 일궈낸 최대표님께 성공비결을 물었지만 정작 어떻게 해서 성공할 수 있었는지 결정적인 성공비결은 따로 없다고 한다.

"성공비결을 알기보다는 실패를 통한 성공의 노하우를 배우라고 강조하고 싶어요. 이전에 실패했던 경험을 교훈 삼아 자꾸 보완하다 보면 성공 가능성이 점점 높아지는 것이지요."

여러 차례의 시행착오와 실패들을 통해서 깨달은 것을 뽀로로의 기획과 제작에 하나하나 반영했다. 그간의 실패한 작품을 통해서 애니메이션의 완성도를 높이고 사업적인 지식을 쌓았으며 시장 경쟁에서 이길 수 있는 방법을 알게 되었다. 이런 것들이 반영되었기에 뽀로로가 성공할 수 있었던 것이다.

사람들은 성공한 앞모습만 보고 그 이면에 얼마나 큰 노력과 실패, 그리고 깨달음이 있었는지는 눈여겨보지 않는다. 대표님은 연이은 실패를 성공으로 가는 자연스러운 과정으로 받아들임으로써 여러 번의 큰 실패 속에서도 희망을 잃지 않고 힘든 시기를 잘 이겨낼 수 있었다.

아이들이 정말 좋아하는 귀여운 펭귄 뽀로로와 그의 친구들 크롱, 루피, 에디, 포비, 패티, 해리. 뽀로로는 순 우리말로 '종종 걸음으로 재게 움직이는 모양'을 뜻한다.

애니메이션 제작자 최종일

"여러분 성공한 사람들은 우리와 다른 아주 특별한 디엔에이를 타고난 분이라고 생각하나요? 아니에요. 제가 일을 하면서 그런 분들과 이야기를 나누어 보니 우리와 전혀 다르지 않았어요. 그분들의 공통점은 모두가 수없는 실패와 시행착오 끝에 성공을 만들어 낸다는 것입니다. 그러니까 실패했다고 기죽거나 좌절할 필요가 없어요."

거장에게서 배우는 겸허함

대표님께서는 여러 분의 멘토가 있지만 최고의 멘토는 지금도 부모님이라고 생각한다. 어려서부터 부모님의 말 한마디, 행동 하나하나를 통해 삶을 배웠다. 아들만 넷인 집에 셋째로 태어났기에 부모님의 지나친 관심 없이 규격화된 틀에 갇히지 않고 자유분방하게 자랄 수 있었다. 돌이켜보면, 요즘의 학생들이 과중한 공부 때문에 짓눌리는 것과 달리 원하는 만큼 책을 실컷 읽을 수 있었고, 만화책도 가리지 않고 많이 볼 수 있었던 어린 시절에 감사하다. 아버지는 시골에서 농사를 짓기도 하고 사업을 하면서 실패를 하기도 했지만 굉장히 정직하시고 일을 하는데 기본에 충실하신 분이었다. 특히 가족들에게 성실했기 때문에 풍족하진 않았지만 불행하다는 생각을 해본 적이 한 번도 없었다. 많은 사람들이 행복의 조건으로 돈을 생각하지만 많은 돈이 없어도 오순도순 따뜻하게 지냈던 어린 시절의 추억이 평생을 살아가는

데 든든한 주춧돌이 되었다.

애니메이션 작업을 시작한 뒤로는 애니메이션 업계의 세계적인 거장들의 삶과 태도를 배우고 있는데 그 중에서 캐나다의 '프레데릭 백'은 가장 존경하며 닮고 싶은 분이다.

"그분은 애니메이션을 혼자 다 만드세요. 기획부터 촬영까지 전 과정을 다 만드는데 그러다보니 한 작품을 완성하는 데까지 약 5년이나 걸립니다. 애니메이션을 너무 열심히 만들다가 한쪽 눈이 실명하기도 했지요. 팔십 평생 동안 만든 작품이 열 작품이 채 안된다고 해요."

열 작품이 안 되는 작품들이지만 그분의 삶 자체가 작품에 녹아있기에 더욱 감동을 받는다. 대표님은 그분의 작품 중에 '나무를 심은 사람'이라는 작품이 가장 감명 깊었다고 한다. 프랑스의 한 지방, 황폐화된 지역에서 한 노인이 돌아다니면서 평생 도토리나무를 심는다는 내용인데, 너무 황폐화 되어서 사람들이 그곳을 다 떠났는데도 노인은 포기 하지 않고 도토리나무를 계속해서 심는다. 도토리에서 나무가 자라고 울창한 숲이 되니 개울이 생기고 떠났던 동물들도 돌아온다. 그러자 사람들도 돌아온다는 내용이다.

"실화를 바탕으로 한 스토리인데 한사람이 매일매일 황무지에 도토리를 심어 봤자 '저래서 무엇을 할 수 있겠어?' 라고 생각하기 쉽지만 결코 포기하지 않는 그분의 지속적인 행위가 세상을 바꿔놓은 것이지요. 그 애니메이션 이야기도 그렇고 그것을 만든 감독님의 삶 자체도 그 이야기와 같은 게 아닐까 생각해요. 제가 애니메이션을 하면서 어쨌든 국내에서는 애니메이션으로 성공했다는 평가를 받기도 하지만 앞서 간 그분의 삶을 보면 정말 겸허해지고 초심을 잃어선 안 되겠다는 생각을 하게 됩니다."

아름다운 애니메이션을 만들고 싶다

애니메이션은 배우의 연기력이나 배경의 매력 등 어떤 우연도 허용되지 않기 때문에 모든 것을 철저히 공부하고 조사해서 화면에 넣어야 한다. 기획자의 미묘한 느낌이 전달과정에서 달라질 수도 있기 때문에 초기 작품은 대표님이 50프로 정도 스토리를 직접 써서 장면을 연출할 정도로 신경을 썼다.

대표님은 지금도 약 20~30프로 정도의 스토리를 담당하고 있다. 스토리전문작가는 아니지만 아이들을 직접 키우는 부모의 경험과 입장이 도움이 많이 된다고 한다. 아이들 이야기를 쓰기 때문에 마음가짐도 맑은 동심으로 채우도록 항상 노력하고 있다.

"애니메이션뿐만 아니라 드라마나 영화는 문화콘텐츠예요. 거기에는 제작자의 정서가 담기지요. 그런데 그것이 장점이 될 수도 있고 단점이 될 수도 있어요. 애니메이션에 있어서는 단점이 될 가능성이 높아요. 전 세계 시장을 목표로 작품을 만들기 때문에 특정지역의 문화가 드러나기보다는 어느 나라 어느 지역에서도 공감할 수 있는 내용을 만들고 싶어서 한국적인 면이 드러나지 않게 신경 쓰고 있어요."

요즘 지나가는 버스마다 '타요' 얼굴이 그려진 버스가 많은데 대표님은 자신이 만든 캐릭터가 보일 때마다 어떤 기분일지 궁금했다.

"공공장소에서 아이들이 떠들 때 부모님들이 스마트폰으로 '뽀로로'나 '타요'를 보여주시는데 그럴 때 아이들의 반응이 굉장히 달라지는 것을 봤어요. 그래서 애니메이션을 만들 때 이 한 컷 한 컷이 아이들에게 어떤 영향력을 끼칠까 민감하게 생각하며 제작하고 있습니다."

처음에는 분명히 유아들을 대상으로 하는 애니메이션을 만들기는 했지만 그 애니메이션을 만드는 본질적인 목적자체가 수익창출이었다고 한다. 그런데 생각했던 것보다 '뽀로로'나 '타요'가 어린이들에게 훨씬 더 강력한 영향력을 미치고 있다는 것을 보면서 이제는 단지 수익창출만 목표로 하는 것이 아니라 아이들에게 정서적으로 유익한 것을 만들어야겠다는 책임감을 많이 느끼고, 아이들을 위한 컨텐츠를 만

애니메이션 제작자 최종일

들자는 생각을 더 많이 하게 되었다.

앞으로 어떤 애니메이션을 만들고 싶은지 미래 구상을 물었다.

"애니메이션은 백 프로 현실에 존재하지 않는 것들을 창의력으로 만들어내는 작업입니다. 그래서 그 결과물은 전적으로 우리가 어떻게 상상하느냐에 따라 달라질 수 있지요. 저는 가급적이면 아름답고 긍정적인 것을 상상하고 싶어요. 애니메이션도 종류에 따라 자극적이고 파괴적인 것도 있지만 이왕이면 아름다운 애니메이션을 만들려고 해요. 어린이들뿐만 아니라 어른들까지도, 적어도 제가 만든 애니메이션을 보는 순간만큼은 즐겁고 행복해지기를 꿈꿉니다."

자신의 재능에 대해 탐구하는 시간이 필요하다

전 세계에서 애니메이션을 만드는 회사는 몇 천개나 되지만 그중에서 백 개국 이상에 소개되는 작품을 만드는 회사는 채 스무 개도 안 된다. 대표님 회사가 그 안에 들 수 있었던 것은 애니메이션을 잘 팔 수 있는 재능이 뛰어나서가 아니라 그만큼 애니메이션이 좋기 때문이라고 생각한다.

"어떻게 좋은 애니메이션을 만드느냐가 관건이지요. 남들이 했던 방식을 똑같이 모방하고 답습해서는 안돼요. 똑같은 걸 뒤쫓아 가기만 하면 따라잡기가 쉽지 않지요. 컨텐츠를 만들어 수출하는 것뿐만 아니라 여러분이 진로를 찾는 것도 마찬가지랍니다."

대표님은 우리 아이들이 선천적으로 창의적이라고 생각한다. 그런데 안타깝게도 너무 규격화된 틀에 따라 성장하고 있다면서 오로지 좋은 대학을 가겠다는 목표를 달성하기 위해 앞만 보고 달리는 거 같아 안타깝다고 한다.

"지금 고3, 중3 두 아이를 둔 학부모로서 우리 아이들이나 아이들 친구를 보면 모든 관심이 좋은 학교 가는 것에 있어요. 그것이 나쁜 것은 아니지만 입시가 다는 아니지요."

미래라는 것은 자연스럽게 주어지는 것이 아니라 본인이 하나하나 성장하면서 얼마나 준비하느냐에 따라 달라지는데 거기에 대한 준비가 공부가 다는 아니다. 자기가 좋아하는 것이 무엇이고 또 되고 싶은 것이 무엇인지 생각하면서 각자의 재능과 희망을 찾기 위한 노력도 같이 해야 한다고 강조한다.

"시야를 넓게 보면 우리 앞에 굉장히 다양한 길이 있다는 것을 알게 돼요. 여러 친구들과 이야기 하고 책도 많이 읽어보면서 자신의 재능에 대해 탐구하는 시간을 꼭 가져보기 바랍니다!"

Interviewer. 권혁준, 김수현, 이채린

애니메이션 제작자 최종일

최종일의 멘토
애니메이션 제작자 프레데릭 백

'나무를 심은 사람'으로 오스카상 받은
애니메이션계의 대부

쓱쓱 보며 넘기는 만화책, 이보다 더 빠르게 넘어가는 애니메이션, 겨우 몇 분이면 끝나는 콘텐츠를 완성하기 위해 제작자가 들이는 공은 일반인이 상상하기 힘들 정도다. 그중에서 애니메이션의 거장 프레데릭 백은 작품 완성까지 남들보다 더 많은 시간이 걸리기로 유명했다. 애니메이션에 들어가는 그림부터, 스토리, 제작까지 모든 것을 하나하나 직접 정성들여 만들었기 때문이다.

세계 4대 애니메이션 감독으로 불리는 프레데릭 백은 프랑스 출신으로 줄곧 캐나다에서 활동했다. 어린 시절에 그는 보도블록에 그림을 그릴 정도로 그림 자체를 좋아했다. 이후 프랑스에서 미술학교를 다녔고, 마뤼랭 메외(Mathurin Meheut)라는 스승을 만나 자연을 세밀하게 관찰하고 그리는 법을 배웠다.

프레데릭 백이 처음부터 애니메이션을 제작한 것은 아니었다. 프랑스에서 캐나다로 이주한 뒤 처음에는 라디오 방송국의 그래픽 부서에서 근무했다고 한다. 여기에서 즉흥 애니메이션을 제작하기도 하면서 애니메이션에 대한 열망을 키웠다. 그리고 1970년 '아브라카타브라'를 선보이면서 본격적으로 작품활동을 시작하였다. 이후 '새의 창조'(1973), '일루전'(1974), '타라타타'(1976) 등으로 작품활동을 이어갔는데, 모든 것을 혼자서 다 만들었기 때문에 한 작품 당 3~4년이나 걸렸다고 한다. 1980년에 선보인 '투리엥'(1980)은 아카데미 시상식에서 단편 애니메이션 부문 후보작으로 선정되었고, 다른 작품인 '크랙!'(1980)을 통해 아카데미 첫 수상의 기쁨을 맛보게 된다. 그리고 '나무를 심은 사람'(1987)을 통해 오스카상을 거머쥐게 된다.

감독의 정성으로 오랜 제작기간을 거쳐 더욱 화제가 되었던 '나무를 심은 사람'은 세상을 바꾸는 데도 크게 기여했다. 캐나다 전역에서는 이 작품을 계기로 실제 나무 심기 운동이 일어나 2억 5천만 그루의 나무가 심어졌다고 한다. 한 작가의 혼을 다 한 작품이 세상을 긍정적으로 바꾸는 데 큰 영향을 미친 것이다. 2013년 12월, 프레데릭 백은 생을 마감했지만 여전히 세계 4대 애니메이션 감독으로 손꼽히며 많은 애니메이션 제작자들의 존경을 받고 있다.

Text. 이랑

꿈열

우리가 다 함께 좋은 일을 찾아
세계 곳곳 누비는 바람의 딸

국제 구호전문가 한비야

+

한비야의 멘토 월드비전 회장 오재식

꿈을 꾸기 전에
먼저 자기 삶의 원칙을 정해라

심부름을 잘 하던 무한긍정 소녀

보슬비가 내리는 늦은 저녁, 이화여자대학교 국제교육관의 한비야 선생님 방을 찾았다. 우리들이 도착했을 때 선생님은 이제 막 강의를 마쳤다면서 밝은 표정과 생기 넘치는 목소리로 우리들을 반겨주었다.

한비야 선생님은 현재 국제 구호전문가로 활동하면서 이화여자대학교에서 박사과정 공부와 동시에 가르치는 일을 하고 있다. 그리고 지금까지 아홉 권의 책을 낼 정도로 열정적이다.

이렇게 적극적이고 활동적인 기질은 어떻게 길러진 것일까? 선생님의 어린 시절이 궁금했다.

"저는 어렸을 적 좀 별난 아이였어요. 하고 싶은 것은 꼭 해야 직성이 풀렸거든요. 한 겨울에도 안 춥다 싶으면 아무리 말려도 반팔을 입고 다닐 정도였죠."

부모님은 어릴 때부터 이런 선생님을 하지 말란 소리를 최대한 하지 않으시며 묵묵히 지켜봐주셨다. 1남 3녀 중 막내딸이었던 선생님은 심부름 하는 것을 좋아하는, 붙임성 있고 활달한 아이였다.

"전화가 귀하던 시절, 우리 집에 전화가 있었는데요, 동네를 다니면서 누구네 집에 전화 왔다고 알려주는 소식통 역할을 했어요. 그게 제 첫 번째 NGO 활동인 셈이지요."

어린 시절에는 특히 아버지의 영향을 많이 받으며 자랐다. 아버지는 선생님을 데리고 산에 자주 다녔는데, 산에 가면 사람들이 '꼬마가 산에 왔네, 아이고 기특해라, 참 장하다'라며 관심과 칭찬을 아끼지 않았다고 한다. 위로 두 언니들처럼 얼굴이 예쁜 것도, 공부를 전교 일등으로 잘 한 것도 아니었지만 산에서는 펄펄 날았기에 자존감을 키울 수 있었다. 돌아보면, 이런 관심과 칭찬들이 세상을 긍정적으로 바라보게 하는 무한 긍정 DNA를 키워준 것 같다.

비록 선생님 나이 열다섯 살, 어린 나이에 아버지가 돌아가셨지만, 아버지가 주신 무형의 막대한 유산은 오늘의 선생님을 만든 토양이 되었다.

"신문기자이셨던 아버지는 매일 일기를 쓰시면서 저에게 일기 쓰는 습관을 물려주셨어요. 그리고 집안 구석구석에 세계지도를 붙여놓고 보여주면서 세계를 무대로 삼는 인재로 자라나길 원하셨지요. 아버지가 남겨주신 세계지도, 산, 일기, 이 세 가지는 지금까지도 제 삶에 가장 큰 영향을 미치고 있답니다."

오지여행가에서 긴급구호활동가가 되다

유년 시절 세계지도를 보면서 어른이 되면 꼭 세계 일주를 하겠다고 버릇처럼 말하던 한비야 선생님은 어려운 환경 속에서도 대학과 유학을 다녀왔고, 안정된 직장에서 유능한 직원으로 회사 생활을 하고 있었다. 그러던 어느 날 오래 전 꿈을 이룰 시기가 왔다는 생각에 이르게 된다. 그때 선생님의 나이 35세, 곧 있을 승진까지 과감히 뿌리치고 해외 여행길에 올라 무려 6년간 세계 곳곳을 돌아다녔다. 사람의 발길이 닿기 어려운 오지만을 골라 비행기를 타지 않고 육로로만 이동하겠다는 원칙을 지키느라 아찔한 순간도 많았다. 그러면서 많은 세계인들을 만났지만 돈이 없어 죽어가는 아이, 에이즈로 고통 받는 아이,

전쟁의 상처를 안고 사는 아이 등등 선생님의 기억 속에 아픔으로 남은 아이들이 있었다.

6년간의 오지 여행을 통해 국제 난민에 대해 관심을 가지고 있었던 선생님에게 국제 NGO 월드비전의 오재식 전 회장님이 연락을 하셨다. 선생님의 세계 여행기를 재미있게 읽었다면서 이제는 세계 아픔의 구경꾼이 아니라 그 아픔을 없애는 일꾼이 되어 보지 않겠냐며 주변의 만류에도 불구하고 긴급구호팀장이라는 중책을 선뜻 맡겨주었다고 한다.

"그 분은 아무도 주목하지 않은 저를 알아봐주시고, 정성스레 키워주시고, 혹독히 훈련시켜주시고, 늘 지켜봐주셨어요. 그 분이 저를 믿어주고 이끌어준 덕분에 긴급구호의 'ㄱ'자도 모르는 햇병아리가 여기까지 올 수 있었지요. 우리나라 시민운동의 개척자이셨던 그분은 제가 긴급구호 현장으로 파견근무 나갈 때마다 따로 불러 밥도 사주시고 기도실로 데려가 제 손을 꼭 잡고 간절히 기도도 해주시며 현장에 답이 있다는 당부의 말씀도 잊지 않으셨지요."

남을 돕는다는 것, 그것도 해외에서 그런 일을 한다는 것은 참 어려울 텐데 구호활동가로 일하게 된 가장 큰 이유가 무엇인지 궁금했다.

"어떤 일을 결정할 때 이것이 나만 좋은 것인지 우리가 다 같이 좋은 것인지 먼저 생각해봅니다. 나만 좋은 것은 한계가 있고 자꾸 하다보면 재미가 없어져요. 그동안의 여행은 나만 좋은 것이었어요. 육 년간의 여행이 끝난 뒤 함께 여행사를 차리자는 등 월급 많고 폼 나는 일

자리 제안을 많이 받았지만 그 일에는 제 가슴이 뛰지 않았어요. 그건 우리가 아니고 나만 좋은 일이었기 때문이에요. 국제 구호는 제가 정말 하고 싶은 일인데다가 잘 할 수 있는 일이고 우리가 다 같이 좋은 일이에요. 그래서 망설임 없이 그 길로 들어섰지요."

달콤한 소금은 없다

선생님은 높은 에이즈감염률에 시달리는 아프리카 잠비아와 말라위에서 일했고 긴박한 전란의 현장이었던 이라크 등에서 구호 활동을 펼친 바 있다. 목숨이 위험할 수도 있는 지역에 구호활동을 하러 간 절실한 이유는 무엇일까?
"소방관이 불난 집에 왜 들어갈까요? 그것이 직업이기 때문이지요. 저는 재난민을 돌보는 것이 제 직업이기 때문에 재난 지역으로 들어가는 거예요. 물론 현장에 갈 때는 최대한 안전하게 하고 가지요."

현장에 가면 여기서 생각하는 것만큼 그렇게 위험하지는 않다고 한다. 물론 지진이 끝난 후 여진상태일 때도 있고 전쟁이 끝난 후라도 잔당이 있을 수 있고 홍수가 지나간 후엔 이차 감염우려가 높을 수도 있다. 다른 사람보다는 위험에 노출되어 있지만 가장 긴박한 순간에 생명을 구해낼 수 있다는 기쁨이 있다. 그러기에 그곳에 가면 힘이 난다. 긴급구호를 하면서 기쁜 일만 있는 것은 아니다. 이라크에서는 현지인들이 선생님을 스파이로 오해하며 돌을 던지기도 했고, 난민촌의 장정들은 때릴 것처럼 달려들며 막무가내로 고기를 달라고 하거나, 자신들의 얼굴을 팔아 돈을 모금해서 잘 먹고 잘 살고 있으면서 왜 해달라는 것을 안 해주냐면서 항의하는 등 많은 어려움을 겪었다고 한다. 현장뿐만 아니라 한국에서도 선생님을 비난 하는 사람들이 많았다면서 이런 어려움을 극복하기 위해서는 자신이 무엇을 하려는지 알고 있어야 한다고 강조한다.

"나 자신이 무엇을 하는지 알고 있다면 누군가의 비난을 받을 때 그냥 흘려보낼 수 있고 누군가의 응원에는 감사한 마음을 갖고 내가 가던 길을 계속 갈 수 있어요." 라면서 재미있고 의미 있는 일은 쉽게 포기할 수 없다고 한다. 자신이 정말 좋아서 하는 일이기 때문에 어려운 일이 닥쳐도 극복해낼 힘이 생긴다는 것이다.

"긴급구호 일은 제가 정말 좋아서 하는 일이에요. 이 일을 하면서부터 지난 15년간 남을 돕는 일만 생각했어요. 남을 돕는다는 것은 거창한 것이 아니에요. 여러분이 길 잃은 할머니를 잘 모셔다 드리는 것, 그런 게 남을 돕는 것이에요. 마음을 담아 친절하게 내 힘으로 도와줄 수 있는 사람을 도우세요. 그런 작은 도움이 모여서 큰 힘이 될 거에요."

현재 선생님은 월드비전의 긴급구호팀장을 그만둔 상태지만 일 년에 반은 여전히 긴급구호 활동을 하고 있다. 몸 편하고 보기 좋은 일도 많겠지만 그런 일보다는 몸을 움직여 에너지를 쏟아 부어야 후련하다고 한다. 선생님에게 힘이란 항아리에 담겨서 금방 바닥이 나는 게 아니라 퍼내면 퍼낼수록 솟아나는 샘물 같은 것이다.

1그램의 용기

선생님은 최근에 지난 6년간의 일기를 응축한 메시지를 책으로 펴내었다. 이 책에서 그간 많은 사람들에게서 받은 친절과 위로, 사랑 그

리고 인생의 고비에서 주고받았던 작은 용기에 대해 말하고 싶었다고
한다.

새 책의 제목이 1그램의 용기인데 어째서 1그램의 용기일까?

"권투선수가 쓰러졌을 때 무조건 일어나라고 응원하는 것은 폭력이에
요. 그 권투선수는 누워서 다시 일어날 힘을 비축하고 있는지도 모르
잖아요. 용기가 필요한 포인트는 권투선수가 일어나려고 했을 때입니
다. 그래서 용기는 주는 게 아니라 조금 보태주는 거예요. 1그램이면
충분하지요." 라면서 아예 용기를 낼 생각이 없는 사람들에게는 1톤의
용기를 쏟아 부어도 소용이 없다고 한다. 그러나 결정적인 순간에 할
까 말까 망설이는 사람들에게는 1그램만으로도 하자는 쪽으로 확 기
운다. 그 1그램의 용기가 앞으로 한 발짝 내딛게 만드는 것이다.

"만약 여러분도 꼭 하고 싶지만 이런저런 이유로 망설이는 일이 있다
면 두 눈 질끈 감고 되는 쪽으로 한 발짝만 내디뎌 보기 바래요. 그럴
용기가 필요하다면 제가 기꺼이 보태드릴게요!"

대한민국 국민이자 세계시민이 되자

UN중앙긴급대응기금 자문위원, 이화여자대학교 국제대학원 초빙교
수, 국제구호현장 전문가, 베스트셀러작가. 지난 몇 년 간 선생님은 많
은 직함을 가졌지만 그 중에서 제일 좋아하는 직함은 '월드비전 세계

시민학교 교장 한비야'라고 한다.

"우리 학교는 건물도 교복도 없고 나는 월급도 사무실도 없지만 대한민국 모두가 잠재 학생인 세상에서 제일 큰 학교이자, 5천만 국민 모두를 세계시민으로 만드는 것이 목표인, 세상에서 제일 멋진 학교에요. 내가 그런 학교의 교장이라는 것이 정말 자랑스러워요."

세계시민학교에서 중점을 두는 것은 '우리'의 범위를 넓히는 일이다. 우리 집, 우리학교, 우리도시, 우리나라에서 우리 지구로, 우리의 관심과 사랑을 전 세계로 넓혀나가는 일이다. 70억 인구는 모두 가족이다. 어려움에 처한 가족은 불쌍해서 돕는 게 아니라 도와주는 게 마땅하고 옳은 일이기 때문이라고 가르친다. 또한 행복한 지구를 만들기 위해 일상에서부터 인권과 빈곤, 환경, 평화 문제 등을 생각하며 함께 해결책을 찾아가자고 가르친다.

"예를 들면 신나게 브라질 월드컵 경기를 즐기면서도 그 축구공을 만드느라 학교도 못가고 손톱이 으스러져라 일하는 파키스탄의 아이들

을 생각하며 각자 할 수 있는 일은 무엇일까 고민하는 거예요."

이런 일을 잘 하기 위해 세계 시민학교에서는 교재를 개발하고 강사를 길러내 각 학교에 파견하며 세계의 아픔을 직접 느낄 수 있도록 체험관도 운영한다.

지금이야 세계화, 국제화, 글로벌리더 양성이라는 말을 쉽게 듣지만 선생님이 국제구호를 처음 시작할 때만 해도 "우리나라에도 도울 사람이 많은데 왜 다른 나라 사람들을 도와야 하나요?"라는 말을 종종 들었다고 한다. 하지만 이제는 지하철이나 길거리까지 긴급구호 현장에 써달라며 주머니를 털어주는 사람이 많다. 대부분 학생이다. 2006년 세계시민학교를 열 때만 해도 세상이 이렇게 변할 줄은 몰랐다.

요즘은 국제회의나 각국 구호 요원들이 모이는 현장에 갈 때마다 한국에서 왔다고 하면 질문이 쏟아진다. 너희나라는 어떻게 50년 만에

도움을 받던 나라에서 주는 나라, 그것도 모자라 잘 주는 나라가 되었느냐고 한다. 그때마다 선생님은 한껏 뻐기면서 세상에서 가장 도움이 필요한 곳에 써달라고 선생님께 돈을 주는 우리 아이들 얘기를 하면 부러움을 한 몸에 받는다.

"이런 아이들을 더욱 잘 키우기 위해 제가 가진 재능과 시간, 열정을 아낌없이 몽땅 쏟아 부을 결심이에요."라면서 우리 아이들이 머릿속에는 세계를, 가슴에는 뜨거운 열정을 담고, 생각하며 행동하는 멋진 세계시민으로서 세계를 무대로 맹활약하는 모습을 상상만 해도 가슴이 벅차다고 한다.

검색하지 말고 사색하라

한비야 선생님은 아주 어렸을 적부터 지도를 보면서 매일 어디론가 멀리 가는 것을 꿈꾸었다. 그렇다고 학창시절에 미래에 대한 꿈을 구체적으로 꾼 것은 아니다. 오히려 너무 어린 시절에 꿈을 정할 필요는 없다고 생각한다. 청소년기에는 지식과 안목의 한계가 있기 때문에 이 세상에 어떤 직업이 펼쳐져 있는 지 제대로 알 수가 없기 때문이다.

"구체적인 꿈을 정하기보다는 자신이 어떤 사람인지 알고 삶의 원칙을 정하는 것이 중요해요. 저는 어렸을 적부터 재미있고 자유로운 것을 좋아했어요. 이왕이면 남을 도와주는 일을 하고 싶다고 생각했지요.

국제 구호전문가 한비야

여행가나 긴급구호도 다 그것과 연관된 일이에요."

박사과정을 공부하면서 학생들을 가르치고 있는 선생님은 요즘 학생들에게 꿈에 관한 질문을 많이 받는다.

"많은 학생들이 자기가 무엇을 하고 싶은지, 꿈이 무엇인지 모르겠다고 해요. 물질적 풍요로움이나 안정된 삶에 안주하고 진정한 자기의 꿈에 대해 제대로 생각을 하지 않는 것 같아 안타깝지요. 100세 시대를 살아야할 아이들에게 나는 무슨 꿈을 꾸는지, 나의 발목을 잡는 것은 무엇인지, 나의 동력은 무엇인가 등 자기와 대면하는 시간을 갖는 것이 무엇보다 중요해요."

선생님은 자기가 무엇을 좋아하는 사람이고 무엇을 할 때 가장 신이 나는지 깊이 생각해보라고 한다.

"내가 낙타라면 사막에 있어야 베스트겠지요? 그런데 사람들이 숲속으로 가라고 해서 숲에 간다면 어떻게 되겠어요? 낙타는 사막에서는 우수한 동물이지만 숲에 가면 아마 제일 열등한 동물이 될지도 몰라요. 그러니까 자기가 있을 곳에 있어야 해요. 나는 사막의 낙타인가 숲의 낙타인가. 나는 사막의 호랑인가 숲속의 호랑인가 자기가 누구라는 걸 곰곰이 생각해야 해요."

그런데 많은 젊은이들이 생각할 시간이 없다고 한다. 이럴 때 선생님은 '검색하지 말고 사색하라'는 말을 자주 한다. 자기의 생각이 없이 인터넷 검색부터 하면 다른 사람들 생각을 먼저 받아들이게 되고, 그러면 이 말 저 말에 휩쓸리면서 정작 자신은 어떤 사람인지, 어떤 삶을 살고 싶은지 생각할 힘이 사라지게 된다. 그래서 휴대전화를 꺼놓고 하루에 10분이라도 혼자만의 생각할 시간을 가지라고 권한다. 혼자서 여행을 떠나는 것도 좋다. 잠깐의 산책이라도 좋으니 다른 사람의 생각과 섞이지 않는 혼자만의 시간을 만들어야 한다.

그리고 꼭 일기를 쓰라고 권한다. 일기 쓰기는 스스로를 돌아보고 한가지 주제를 깊게 생각할 수 있는 기회다. 컴퓨터를 사용하는 것보다는 이왕이면 손으로 쓰는 것이 좋다. 일기를 쓰면서 그날 하루에 대한 자기 생각을 차분히 정리하다보면 무엇이 내 가슴을 뛰게 하고 나는 어떤 일을 할 때 즐겁고 행복한 사람인지 알 수 있게 될 것이라는 조언을 덧붙인다.

다른 사람의 눈에 비치는 행복이 아니라 힘들지만 재미있는 일을 스스로 선택해서 집중하는 한비야 선생님은 최고로 행복해보였다. 그동안 우리들은 정작 중요한 자신에 대한 생각 없이 그저 입시를 향해 떠밀려가고 있었던 것은 아닐까? 자기 생각의 뿌리를 내려야한다고 몇번이나 강조하는 선생님께 불화살이라도 맞은 듯 돌아오는 우리들 가슴이 내내 뜨거웠다.

Interviewer. 권혁준, 김수현, 김정현, 이채린

국제 구호전문가 한비야

한비야의 멘토
월드비전 회장 오재식

국민훈장모란장 받은
민주화·통일운동가이자 사회운동가

"모든 사람, 특히 어린이들이 잘 살 수 있도록 일하는 것(working for the well-being of all people, especially children)". 월드비전은 이런 목적을 가지고 활동하는 국제 구호단체다. 월드비전은 주로 한 사람이 매월 일정 금액을 후원하는 식으로 많은 사람들의 후원금을 모아, 후원아동과 가족, 그리고 지역주민의 생활환경을 개선하는 사업을 운영한다. 월드비전이 처음 설립된 계기는 1950년 한국전쟁이었다. 전쟁으로 폐허가 된 한국인을 돕기 위해 선교사 밥 피어스(Bob

Pierce) 목사와 한경직 목사가 힘을 모아 월드비전을 설립했고, 지금은 전 세계에서 활동하는 가장 큰 개신교 구호재단으로 성장했다.

오재식 박사는 월드비전의 6대 회장으로 1997년부터 2002년까지 한국월드비전을 맡았다. 당시 한비야를 긴급구호팀장으로 영입하고 사회 저명인사들을 홍보대사로 위촉하면서 월드비전을 널리 알리는 데 크게 기여했다. 또한 재임기간 동안 북한에 국수공장 5개를 추가로 설립하고, 북한 씨감자 생산지원 사업을 성공리에 추진하는 등 평생 염원하던 평화통일을 위한 사업을 적극적으로 벌였다. 극심한 식량난을 겪고 있던 북한을 위해 벌인 각종 사업은 정치와 종교를 넘어 통일을 위한 물꼬를 트는 데 기여했다는 평을 받았다. 2002년에는 씨감자 생산사업이 일시적인 구호사업이 아닌 개발사업으로 인정받게 되면서 국민훈장 모란장을 수상했다.

1932년 12월 제주도에서 태어난 오재식 박사는 서울대 종교학과를 거쳐 미국 예일대 신학대학원에서 사회운동 실천을 위한 실습훈련을 받는 등 일찌감치 사회운동을 위한 기본 발판을 다졌다. 그는 한국기독교교회협의회(KNCC) 통일문제연구원장, 세계교회협의회(WCC) 제3국 정의·평화·창조국장을 지내며 기독교 시민 운동 분야에서 활동해왔다. 1970년대부터 국내외 민주화 운동을 지원하면서 평화 통일을 위해 힘써온 그는 참여연대 창립대표 등을 지내며 민주화 운동과 통일운동, 비정부기구(NGO) 활동에 평생 헌신하는 삶을 살았다.

Text. 이랑

책을 마치며

정현이와 혁준이의 Thank you page

우리들의 별을 만나다 글로벌멘토 편이 나오기까지 지난 10개월 간 정말 많은 분들이 큰 도움을 주셨습니다. 제일 먼저 베스트셀러 작가이신 이랑 선생님께서 공동 저자로 함께 할 수 있도록 허락해주신 데에 깊은 감사를 드립니다. 또한, 학교에서 진로 교육을 해주시고 책이 나올 수 있도록 힘을 북돋아주신 신반포중학교 진로담당 김미경 선생님과 담임 김은경 선생님, 세화고등학교 진로담당 이재원 선생님과 담임 맹준영 선생님께 감사드립니다. 뜻을 모아 꿈을 찾는 일을 같이 해준 기자단 친구들과 우리들의 기획을 책으로 만들어 주신 출판사 드림리치와 글을 재미있게 엮어주신 정수정 편집장님께도 감사드립니다. 마지막으로, 우리들 방문을 허락하고 인터뷰에 응해주신 멘토 10분이 계셨기에 이 책이 세상에 나올 수 있었습니다. 진심으로 감사드립니다.

우리들의 이모저모 인터뷰 뒷이야기

강 수 진

우리가 공부를 잘하는 방법은 복습과 예습이며 발레도 마찬가지라는 말씀이 가장 인상적이었다. 뭐든지 목표가 생기면 행동으로 실천하라고 강조하셨다. 평소에는 크게 와 닿지 않았던 말이었지만 경험이 많고 노력을 수없이 하신 단장님의 말씀이어서 그런지 더 실감나게 행동으로 실천해야 한다는 중요성을 느꼈다. **김수현**

단장님은 다른 나라의 언어를 습득하기 위한 노력, 다리를 다쳤을 때도 성공적인 공연을 위해 이를 악물고 했던 노력 등 노력을 강조하셨다. 하지만 이것은 정신력 없이는 안 되었을 거라고 생각한다. 자신이 이루고자 하는 것에 대한 열정과 노력, 그리고 그것을 이뤄낼 수 있게 하는 정신력이 필요하다. 나도 단장님처럼 열정과 노력, 정신력으로 내 꿈을 향해 간다. **이채린**

봉준호

어릴 때부터 좋은 영화나 환상적인 영화를 보면 '이 영화를 만든 감독님은 천재야!'라는 생각을 했다. 탄탄한 스토리로 2시간 남짓 몰두하게 만들고 어떤 영화는 감동의 눈물을 흘리게도 한다. 이렇게 많은 사람들에게 감동과 큰 영향을 미칠 수 있는 분, 자랑스러운 봉준호 감독님! 우리나라뿐 아니라 세계의 유명한 감독과 평론가들까지 매료시키고 세계적인 배우들도 함께 작업을 하고 싶어 하는 감독님을 직접 만나 뵐 수 있어서 넘 기뻤다. "봉준호 감독님! 감독님께서 말씀하신 히치콕 감독님 영화 보았습니다."
권혁준

서경덕

2015년 새해 새날 1월 1일, 독도 앞바다에 펼쳐 띄운 초대형 태극기! 새해 첫날 아침 온 국민들이 독도에 대해 다시 한 번 생각해 보는 시간을 갖게 해주신 서경덕 교수님, 1년 만에 다시 만난 교수님은 우리를 더욱 반갑게 반겨주셨다. 1년 동안 지내오신 이야기를 들으면서 몸이 2개라도 모자라겠다는 생각이 들었다. 한 개인이 정부에서도 생각 못 할 큰일을 기획하시고 실천해 나가시는 모습을 보면서 다시 한 번 존경의 박수를 보내게 된다. 나도 작은 일부터 나라를 사랑하고 아끼는 일이 무엇인지 고민하고 노력해야겠다. "수학여행을 울릉도 독도로~~~"
김정현

손연재

연재누나를 만나기 며칠 전부터 기대와 설렘이 있었다. TV에서만 보던 경기를 직접 경기장에서 보니 더욱 아름답고 손에 땀을 쥐게 하는 시간이었다. 누나의 작은 동작 하나 하나 섬세하게 연기하는 모습을 보면서 감동과 가슴 한구석이 찡한 느낌을 받았다. 실수 없이 훌륭한 연기를 하기 위해 얼마나 남모를 노력과 자기와의 싸움이 많았을지 생각하게 되었다. 미래가 불투명한 불모지인 체조 분야에서 최초, 최고라는 수식어를 받기까지 누나의 수고와 노력에 박수를 보낸다. 연재누나는 친절하고 정말 예뻤다! "연재누나! 2016년 리오 올림픽 응원할게요~ 파이팅!"
권혁준

이 상 혁

게임을 좋아하는 우리들의 "히어로" 페이커 상혁이
형. 친구들 중 공부하기 힘들고 게임을 좋아하니 프
로게이머가 되고 싶어 하는 친구들이 많지만 형의
하루 일과를 알게 된 후 그냥 게임을 좀 좋아하고
잘 한다고 할 수 있는 직업이 아니란 것을 알 수 있
었다. 치밀한 전략과 전술, 팀웍이 필요해 많은 공부
와 노력이 필요하다는 것도 알게 되었다. 형의 경기
를 보다 보면 어린 나이에도 강한 멘탈과 과감한 경
기진행으로 리드해 나갈 때 박수를 보낼 수밖에 없
다. "상혁이 형! 2015년 롤드컵 우승 축하드리고 최
고의 전설이 되세요~" 권혁준 💬

이 영 희

한복이 우리나라 우리 옷인데도 불구하고 큰 관심
이 없었다. 학교 예절시간에 한복을 입고 예절교육
을 받을 때도 불편하게 생각했던 적이 있었다. 선생
님을 만나 뵙고 말씀을 들으면서 부끄러웠고 선생님
의 숭고한 장인정신을 느끼며 한복을 다시 생각하는
시간이 되었다. 선생님은 한평생 사랑하는 한복을
어떻게 더 세계에 알리고 대중화 시킬 수 있는지 고
민하고 노력하고 계신다. 나는 꼭 내가 원하는 곳에
서 훌륭한 사람이 되어 한복 전통을 지키는 일에 도
움이 되는 사람이 되어야겠다고 다짐했다.
"선생님! 우리들을 반겨 주셔서 감사드리고 더욱더
건강히 오래 오래 한복을 세계무대에 전파시켜주세
요~" 김정현 💬

전 광 영

사실 어렸을 때부터 미술작품에 대해 크게 감동을
느껴 본적이 별로 없었다. 그런데 한지를 새롭게 해
석해 독특하게 만든 전광영 선생님의 작품에서는
한국 고유의 정서가 물씬 느껴지면서 대단한 노력이
느껴져 가슴이 뭉클했다. 긴 세월 누가 알아주지 않
더라도 자신의 신념을 가지고 끈기 있게 오늘의 자리
에 서게 되신 선생님께 큰 감동을 받았다. 연예인이
나 인기 스포츠인들의 작은 이야깃거리가 신문 지면
을 크게 차지하며 인터넷을 온통 달구는 것에 비해
전광영 선생님처럼 세계적인 아티스트들에 대해서
귀하게 여기지 못하는 우리 아니었나 하는 반성도
해본다. 김정현 💬

조 수 미

성악에 대해 잘 모르지만 조수미 선생님의 노래를 들을 때면 화려하면서 힘 있는 음색에 귀가 끌리곤 했다. 방송에 나온 모습을 보면서 그저 화려하고, 원래부터 노래를 잘 하는 사람이라는 생각만 했는데 조수미 선생님 역시 그간의 노력이 누구보다 컸고 성악가로서 세계무대를 다니면서 겪는 애환도 만만치 않다는 것을 알게 되었다. 무엇이든 쉽게 얻을 수 있는 것은 아무것도 없는 것 같다. **권혁준**

최 종 일

실패를 통해 발전하고 도전하면서 성공에 가까워지는 것이라고 하셨고 도전을 하지 않으면 그것은 발전도 아니고 성공에 가까워 질 수도 없다고 하셨는데 그 말씀이 나에게 큰 의미를 주었다. **김수현**

창조라는 것은 문득 드는 생각의 결과 인 거 같다. '왜 일본애니메이션만 보지?'라는 그 생각이 지금의 뽀로로를 만든 것 같았다. 그 찰나의 생각을 잡아 아이디어로 발전시켜 행동에 옮긴 최종일 대표님은 여러 번의 실패를 겪고도 포기하지 않으시고 계속 도전하셨다. 포기가 참 빠르고 쉬운 내가 부끄러워졌다. **이채린**

한 비 야

한비야 선생님이랑 인터뷰를 하면서 내 꿈이 정말 내가 하고 싶은 일인가에 대한 의문이 들었다. 고3의 빡빡한 일정이지만 그래도 매일 하루를 돌아보는 시간을 가지고, 일상을 조금씩 더 기록해보아야겠다. 또, 아직 모르는 게 많은 19살이라는 나이에 벌써부터 내 꿈과 가능성을 한정시키지 말아야겠다는 생각이 들었다. **김정현**

뜻 깊은 책을 만드는 데
함께 해준 기자단

김 민 준	신반포중학교 3
김 수 현	신반포중학교 3
이 채 린	신반포중학교 3

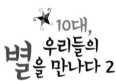

10대, 우리들의
별을 만나다 2
- 글로벌멘토 편 -

초판 1쇄 발행 2015년 11월 27일
2쇄 발행 2016년 9월 30일

지은이	이 랑, 김정현, 권혁준
그린이	심규섭
펴낸이	김말주
자문위원	이정희
Chief editor	정수정
사진	Tube Studio t. 02-545-7058
디자인	더페이지커뮤니케이션 www.thepagecommunication.com

펴낸곳	드림리치 (주)아이리치코리아
등록일자	2014년 6월 30일
신고번호	제 2014-000183
주소	서울시 서초구 강남대로 305, 2307호
대표전화	t. 02-545-7058 f. 02-757-4306
카페주소	cafe.naver.com/myteenagedream

ISBN 978-89-98584-09-2 44190

MEMO